Anonymous

Lepidopteren Ost-Sibiriens insbesondere des Amur-Landes

Anonymous

Lepidopteren Ost-Sibiriens insbesondere des Amur-Landes

ISBN/EAN: 9783743379404

Hergestellt in Europa, USA, Kanada, Australien, Japan

Cover: Foto ©ninafisch / pixelio.de

Manufactured and distributed by brebook publishing software (www.brebook.com)

Anonymous

Lepidopteren Ost-Sibiriens insbesondere des Amur-Landes

MÉMOIRES

DE

L'ACADÉMIE IMPÉRIALE DES SCIENCES

DE

SAINT-PÉTERSBOURG.

VIIe SÉRIE.

TOME VIII.
(Avec 26 Planches.)

SAINT-PÉTERSBOURG, 1865.

Commissionnaires de l'Académie Impériale des sciences:
à St.-Pétersbourg,   à Riga,   à Leipzig,
MM. Eggers et Comp.,   M. Samuel Schmidt,   M. Leopold Voss.

Prix: 1e Roubl. 80 Kop. arg. = 1 Thlr. 24 Ngr.

TABLE DES MATIERES
DU TOME VIII.

№ 1.

Lepidopteren Ostsibiriens, insbesondere des Amur-Landes, gesammelt von den Herren G. Radde, R. Maack und P. Wulffius, bearbeitet von **Otto Bremer**. (Mit 8 colorirten Tafeln.) 103 pages.

№ 2.

Vier von De L'Isle beobachtete Plejaden-Bedeckungen, bearbeitet und mit Hansen's Mond-Tafeln verglichen von **Carl Linsser**. 22 pages.

№ 3.

Beiträge zur Geschichte der bulgarischen Kirche von **Zacharias von Lingenthal**, correspondirendem Mitgliede der Akademie. 36 pages.

№ 4.

Observationes de Elasmotherii reliquiis scripsit **Johannes Fridericus Brandt**. (Cum Tabula unique.) 44 pages.

№ 5.

Mémoire sur les accélérations de divers ordres. Par **J. Somoff**, membre de l'Académie. 54 pages.

№ 6.

Ueber den Salzgehalt der Ostsee. Von **Heinrich Struve**. 13 pages.

№ 7.

Ueber das Gehörorgan von Petromyzon fluviatilis. Von **Ph. Owsjannikow**, Mitgliede der Akademie. (Mit 2 Tafeln.) 19 pages.

№ 8.

Notiz über den Chiolith. Von **N. v. Kokscharow**, Mitgliede der Akademie. 10 pages.

№ 9.

Ueber einige neue ehstländische Illaeneni. Von Dr. **A. von Volborth**. (Mit 2 lithographirten Tafeln.) 11 pag.

№ 10.

Inscriptions géorgiennes et autres recueillies par le Père Nersès Sargisian et expliquées par **M. Brosset**, membre de l'Académie. (Avec 4 Planches.) 24 pages.

№ 11.

Die artesischen Wasser und untersilurischen Thone zu St. Petersburg, eine chemisch-geologische Untersuchung von **Heinrich Struve**. 86 pages.

№ 12.

Beschreibung einiger Topas-Krystalle aus der Mineralien-Sammlung des Museums des Kaiserlichen Berg-Instituts zu St. Petersburg, von **N. v. Kokscharow**, Mitgliede der Akademie. 7 pages.

№ 13.

Die Vertheilung der Schildkröten über den Erdball. Ein zoogeographischer Versuch von Dr. **Alexander Strauch**. 207 pages.

№ 14.

Monographie des russischen Pyroxens. Von **N. v. Kokscharow**, Mitgliede der Akademie. (Mit 5 lithographirten Tafeln und einem Holzschnitte.) 81 pages.

№ 15.

Die Wirkung des Lichtes auf das Wachsen der keimenden Kresse. Von **A. Famintzin**, Docent an der Universität zu St. Petersburg. 19 pages.

№ 16 ET DERNIER.

Moyen d'exprimer directement en coordonnées curvilignes quelconques, orthogonales ou obliques, les paramètres différentiels du premier et du second ordres, et la courbure d'une surface. Par **J. Somoff**, membre de l'Académie. 45 pages.

MÉMOIRES
DE
L'ACADÉMIE IMPÉRIALE DES SCIENCES DE ST.-PÉTERSBOURG, VII° SÉRIE.
Tome VIII, N° 1.

LEPIDOPTEREN OST-SIBIRIENS,

INSBESONDERE

DES AMUR-LANDES,

GESAMMELT

VON DEN

Herren G. Radde, R. Maack und P. Wulffius,

BEARBEITET

VON

Otto Bremer.

(Mit 8 colorirten Tafeln.)

Der Akademie vorgelegt den 8. Mai 1863.

St. PÉTERSBURG, 1864.

Commissionäre der Kaiserlichen Akademie der Wissenschaften:

| in St. Petersburg | in Riga | in Leipzig |
| Eggers et Comp., | Samuel Schmidt, | Leopold Voss. |

Preis: 2 Rbl. 80 Kop. = 2 Thlr. 17 Ngr.

Das zoologische Museum der Kaiserlichen Akademie der Wissenschaften erhielt durch die Herren Radde und Maack wiederum einen bedeutenden Zuwachs zur Insekten-Fauna Südost-Sibiriens, insbesondere des Amur-Landes, und zwar ist dieser Zuwachs ein so ansehnlicher, dass wir erstaunen müssen, wie diese Forscher eine solche Menge neuer Insekten-Arten zusammenbringen konnten, da Herr Radde seine Aufmerksamkeit den verschiedenartigsten Naturproducten zuwenden musste und Herr Maack überhaupt nur drei Monate hat sammeln können.

Wenn wir speciell die Lepidopteren ins Auge fassen, deren Bearbeitung uns übertragen wurde, so sehen wir, dass unter den nachfolgend aufgezählten 463 Species, welche die akademische Sammlung diesmal aus Ost-Sibirien und dem Amur-Lande erhalten, ausser 6 Localvarietäten, 117 für unsere Fauna neue Arten vorhanden sind. Rechnen wir dazu noch 22 schon früher von Herrn Ménétriès beschriebene und wiederum gesammelte Arten, so erhalten wir 139 neue; demnach sind also von der ganzen Ausbeute 324 Arten schon früher bekannt gewesen, von welchen 33 bisher nur in Russland gefunden worden sind und 17 als der Fauna von Japan und China eigenthümlich angesehen wurden; es bleiben somit 274 Species, welche auch über Europa mehr oder weniger verbreitet sind.

Sämmtliche 463 Species lassen sich in 195 Genera unterbringen, von welchen nur 13 in Europa keine Repräsentanten haben.

Aus dieser Zusammenstellung ist ersichtlich, dass die Lepidopteren-Fauna Europas von derjenigen Sibiriens, das Amurland mit eingerechnet, im Allgemeinen nicht zu trennen ist und dass nur locale Verhältnisse das Auftreten einzelner andern, in Europa nicht vorkommenden Arten bedingen.

Auch Nord-America lieferte uns schon viele zur europäischen Fauna gehörige Lepidopteren, besonders Noctuelliden und Pyraliden, wie uns wiederholte Sendungen aus den Vereinigten Staaten gezeigt; auch finden wir einzelne nordamerikanische Arten in Sibirien wieder, doch ist die Anzahl derselben, im Verhältniss zur ganzen Fauna, noch immer sehr gering. Wir können daher wohl mit Recht annehmen, dass diese Arten durch irgend einen Zufall, durch Waaren oder durch Pflanzen, übertragen worden sind, da die Trennung dieser Welttheile wohl keine andere Art der Verbreitung zulässt.

Verfolgen wir jetzt die Reiseroute der Herrn Radde und Maack.

Herr Radde begann zuerst im Jahre 1855 seine Sammlungen an den Ufern des Baikal-Sees, von dem Ausfluss der unteren Angara nordostwärts bis zur oberen Angara ziehend, und von hier dem transbaikalischen Ufer entlang bis zu den tunkinskischen heissen Quellen.

Im Jahre 1856, von Mitte April bis Ende Mai, durchforschte er die Hochsteppen Dahuriens, dann die reichen subalpinen Waldgebiete bei Zagan-olui. Im Juni überschritt er das Apfelgebirge an dessen Ostabhange und sammelte besonders am oberen Laufe des Onon, wo er reiche Ausbeute fand.

Im Jahre 1857 ging er, der Schilka folgend, an den Amur und zog diesen Strom abwärts bis zur Mündung des Ussuri.

In dem Jahre 1858 verweilte unser eifriger Forscher im Bureja-Gebirge, wo er grosse Schätze an Naturalien aller Art zusammen brachte.

Leider war Herr Radde im letzten Jahre seiner Reise, 1859, im östlichen Sajan-Gebirge zu sehr mit anderweitigen Beschäftigungen überhäuft, um viel sammeln zu können.

Was Herr Radde in dieser Zeit geleistet, wird man aus seinen Werken am besten beurtheilen können. Seine Ausbeute, welche die Kaiserliche Akademie der Wissenschaften erworben hat, ist ein wahrer Schatz für das zoologische Museum derselben.

Herr Maack, welcher sich der naturhistorischen Welt schon durch seine erste Reise durch Ost-Sibirien und das Amur-Land bekannt gemacht, sammelte im Jahre 1859 in den Monaten Juni, Juli und August am Ussuri, diesen Fluss und dann den Sungatscha aufwärts ziehend bis zum Kengka-See. Sehr reich sind seine Sammlungen an Pyraliden und Geometriden, welche für uns einen um so höhern Werth haben müssen, als wir dadurch in den Stand gesetzt werden, auch einen Blick in die Abtheilung der kleineren Lepidopteren jener Gegend zu thun.

Herrn Maack's vortrefflich erhaltene Ausbeute an Insekten wurde gleichfalls von der Kaiserlichen Akademie der Wissenschaften erworben.

Indem wir dieses Werk der Oeffentlichkeit übergeben, bemerken wir nur noch, dass dasselbe keine anderen Ansprüche macht, als eine Beschreibung neuer Arten so wie einen Beitrag zur geographischen Verbreitung schon bekannter zu liefern. Daher halten wir es auch für überflüssig, bei längst bekannten Arten mehr als ein Citat zu geben, und nur bei weniger bekannten, oder wo ein Irrthum aufzuklären ist, werden wir deren mehrere anführen.

RHOPALOCERA.

1. Papilio Maackii. Ménétr.

Schrenck's Reise im Amur-Lande II. Lepid. p. 10. Tab. 1 fig. 1. 2.

Radde sowohl als Maack brachten uns diesen prächtigen Papilio in Mehrzahl, der erstere aus dem Bureja-Gebirge, der letztere vom Ussuri. Es ist auffallend, dass sich unter der ganzen Ausbeute nur ein am Ussuri gefangenes Weibchen befindet.

Dagegen ist es Radde geglückt, die Raupe aufzufinden und den Schmetterling zu erziehen. Die glatte Raupe ist grün, mit einer gelappten schwarzen Linienzeichnung vor der Stirn und lebt auf Phellodendron. Die Verpuppung erfolgte Mitte Juni und die Schmetterlinge kamen Anfang Juli aus.

2. Papilio Raddei. Brem. — Tab. I. Fig. 1.

Bull. de l'Acad. 1861. Tom. III.

Alae supra nigrae viridi-atomosae ciliis albis; posticae dentatae et caudatae.

Alae anticae supra fascia submarginali flavo-viridi nervis nigris interrupta; angulum interiorem versus plaga velutino-atra. Posticae ad marginem anteriorem coeruleo-micantes, fascia viridi-micanti ab angulo exteriore ad angulum analem ducta; lunulis marginalibus viridi-micantibus sex, in cellulis 2-da, 4-ta et 5-ta postice rubro-fulvo-marginatis; macula rotunda anguli ani rubro-fulva, nigro-pupillata, supra violaceo-ornata.

Alae subtus nigro-fuscae, flavo-atomosae.

Alae anticae fascia lata submarginali flava nervis nigris interrupta. Alae posticae fascia submarginali subarcuata flava; lunulis marginalibus sex rubro-fulvis antice violaceo-marginatis; macula anguli ani rubro-fulva, nigro-pupillata, antice violaceo-marginata. 70—80 m.

Wir führen hiermit wieder einen neuen Papilio ein, welcher zu der Gruppe gehört, an deren Spitze *P. Paris* Linn. als typische Form gestellt werden kann, und für welchen wir, dem Entdecker zu Ehren, den Namen *P. Raddei* vorschlagen.

Der Körper unseres Papilio ist schwarz, mit glänzend grünen Schuppen bestreut. Die Oberseite der Flügel gleichfalls schwarz, mit grüner Bestaubung. Vorderflügel mit weissen Fransen, vor dem Aussenrande mit einer gelblich grünen Binde, welche von den schwarzen Adern durchzogen ist. Die stark gezähnten Hinterflügel haben die Fransen zwischen den Zähnen weiss, an der Basis aber gelblich. Die grüne Bestaubung geht auf der vorderen Hälfte des Flügels ins Blaue über. Vom Aussenwinkel bis zum Auge des Innenwinkels läuft eine glänzend grüne, besonders nach innen gut begrenzte Binde; vor dem Aussenrande liegt eine Reihe von 6 glänzend bläulich-grünen Mondflecken, nach aussen mehr oder weniger orangefarbig eingefasst. Oder eigentlich sollte man sagen: die Mondflecke sind orangefarbig und mehr oder weniger bläulich grün beschuppt, denn unter der Vergrösserung bemerkt man deutlich den orangefarbigen Grund selbst da, wo dem blossen Auge Alles grün erscheint.

Das Auge des Innenwinkels ist orangefarbig mit schwarzer Pupille, gegen die Basis violett oder auch bläulich eingefasst.

Die Unterseite aller Flügel ist schwarz, die Vorderflügel sehr spärlich gelb bestaubt, mit der gelben Binde der Oberseite, allein ohne grüne Beschuppung und von den schwarzen Adern sowohl, als von den dazwischen liegenden schwarzen Streifen durchzogen.

Im Vergleich mit *Papilio Maackii* zeigen die 6, uns vorliegenden Exemplare folgende Unterschiede: in der Grösse weit unter *P. Maackii* (welcher durchschnittlich 110 m. misst), kaum unseren *P. Mackaon* erreichend. Der Form nach unterscheiden sich besonders die Vorderflügel durch den graden Aussenrand, welcher bei *P. Maackii* ziemlich stark nach innen gebogen ist; die Schwänze der Hinterflügel laufen viel schräger nach aussen. Die Binde längs des Aussenrandes der Vorderflügel ist gelblicher als bei *P. Maackii* (eigentlich ist diese Binde wirklich gelb mit grünen Schuppen besetzt) und, besonders gegen die Flügelspitze, dem Rande näher gerückt. Auf den Hinterflügeln haben die weissen Fransen an der Basis einen gelben Anflug, bei *P. Maackii* sind dieselben nur weiss. Die grüne Binde dieser Flügel ist bestimmter begrenzt und grader, als bei *P. Maackii*, bei welchem dieselbe gewöhnlich breiter ist, sich gegen den Aussenwinkel zu erweitert und etwas geschweift ist. Die Mondflecke am Aussenrande sind nach aussen rötlich begrenzt, welches bei *P. Maackii* nur bei den Weibern der Fall ist.

Auf der Unterseite ist die gelbe Binde der Vorderflügel deutlicher, die der Hinterflügel scharf begrenzt und nicht unbestimmt verwaschen wie bei *P. Maackii*, bei welchem dieselbe sogar oft gänzlich verschwindet.

Die Flugzeit unseres *Papilio Raddei* beginnt schon am 9 Mai, die des *P. Maackii* erst gegen Ende Juni.

Diese prachtvolle Novität wurde bis jetzt nur im Bureja-Gebirge gefunden.

3. **Papilio Xuthus.** Linn.

Cram. Pl. 73. fig. A. B. — Boisd. spec. gén. I. p. 327. n. 170.

Im Bureja-Gebirge wie am Ussuri nicht selten. Flugzeit: Juni und Juli.

4. **Papilio Xuthulus.** Brem. — Tab I. Fig. 2.

Bull. de l'Acad. 1861. Tom. III.

Alae flavae, nervis late nigro-limbatis; posticae dentatae et caudatae.

Alae anticae supra prope basin nigro-striatae; maculis discoidalibus tribus margineque posteriore, lunulas marginales flavas sex includente, nigris. Alae posticae fascia marginali nigra, coeruleo-atomosa, lunulis marginalibus flavis sex maculaque anguli ani fulva nigro-pupillata vel unicolore.

Alae anticae subtus fascia marginali nigra strigis transversis flavis duabus interrupta. Alae posticae fascia dentata submarginali nigra coeruleo-atomosa, lunulis marginalibus cellularum 2-ae et 3-ae flavis, ceteris magnis, subquadratis, aurantiacis, nigro-marginatis, macula rotunda anguli ani eodem colore, unicolore vel vix nigro-pupillata. 63—67 m.

Dem *Papilio Xuthus* nahe verwandt, doch bedeutend kleiner (*P. Xuthus* misst durchschnittlich 100 m.), der Aussenrand der Vorderflügel ist viel grader, alle schwarzen Zeichnungen sind viel schmäler, daher ist auch die gelbe Grundfarbe viel mehr vorherrschend. Den Hinterflügeln fehlt der runde schwarze Fleck am Vorderrande, welcher bei P. *Xuthus* ♂ stets sehr ausgesprochen ist; die viel schmälere schwarze Binde des Aussenrandes mit einer Reihe blauer Flecke, wie bei P. *Machaon* und P. *Xuthus* ♀. Bei P. *Xuthus* ♂ sind diese, aus getrennten Schuppen gebildeten Flecke viel kleiner und nie blau, sondern gelblich, selten grau. Die gelben Halbmondflecke des Aussenrandes sind grösser als bei P. *Xuthus* und so wie bei P. *Machaon*; der runde Fleck am Innenwinkel ist im Verhältniss grösser als bei P. *Xuthus*, mehr orangegelb, mit kleinerer Pupille oder auch ganz ohne Pupille, wie bei P. *Machaon*. Auf der Unterseite der Hinterflügel sind nur die Mondflecke in Zelle 2 und 3 gelb, die übrigen schön orangefarbig, während dieselben bei P. *Xuthus* ♂ alle gelb erscheinen und nur die letzten in Zelle 5, 6 und 7 zuweilen einen schwachen Anflug von Orangegelb haben. Die ganze Grundfarbe der Hinterflügel ist auf der Unterseite überhaupt tiefer gelb als die der Vorderflügel, was bei P. *Xuthus* nur beim Weibe der Fall ist.

Wäre unser P. *Xuthulus* nicht bedeutend kleiner als selbst P. *Machaon*, und seine Flugzeit nicht viel früher als die der beiden zum Vergleich angeführten Arten, so könnte man in Versuchung gerathen, denselben für einen Bastard dieser beiden zu halten. Während die Vorderflügel, bis auf die schmäleren schwarzen Zeichnungen, denen des P. *Xuthus* gleich sind, erinnern die Hinterflügel an P. *Machaon*. Die Hinterflügel von P. *Xuthus* ♀ nähern sich gleichfalls etwas denen unseres europäischen Falters, aber dieselben haben stets auf der Oberseite der Hinterflügel am Vorderrande, von der Wurzel aus, einen schwarzen Wisch. Uebrigens sind beide Exemplare, welche uns vorliegen, männliche.

Von Radde vor Mitte Mai im Bureja-Gebirge gefangen.

5. Papilio Machaon. Linn.

Hübn. Samml. europ. Schmett. Pap. fig. 390. 391.

Radde fand denselben von Dahurien bis zum Bureja-Gebirge häufig, Maack am Ussuri. Flugzeit: Juni und Juli.

6. Parnassius Nomion. Fisch.

Ent. Imp. Ros. II. p. 242. Tab. 6.

Dieser Parnassier ist in allen seinen Varietäten am leichtesten kenntlich an den schwarz und weiss abwechselnden Fransen, welche oft das einzige Kennzeichen sind, das denselben von dem grossen P. *Apollo sibiricus* Nordm. unterscheidet.

Die grössten und prachtvollsten Exemplare stammen aus dem Bureja-Gebirge, je weiter nach Westen desto kleiner wird derselbe.

Durch mehr oder weniger dunkle Bestaubung, so wie durch Zahl und Grösse der schwarzen wie der rothen Flecke, variirt der P. *Nomion* fast ebenso wie P. *Delius*.

Von Radde an der Nordseite des Baikal-Sees, in Dahurien, am Onon, so wie im Bureja-Gebirge, von Maack am Ussuri zwischen dem Noor und der Ema gefangen.

7. **Parnassius Bremeri.** Feld. — Tab. I. Fig. 3. 4.
Lepid. Fragm.

Unser entomologischer Freund Dr. Felder in Wien, welchem wir diesen Falter als Varietät von *P. Delius* sandten, erkannte in demselben eine neue Species, welche er nach unserem Namen benannt hat.

Bei einer Reihe uns vorliegender Exemplare sind die Adern alle schwarz bestaubt, wie bei *P. Mnemosyne* und *P. Stubbendorfii*; diese schwarze Bestaubung erweitert sich gegen den Aussenrand oft bedeutend. Die akademische Sammlung besitzt *P. Delius* aus der Schweiz, aus Frankreich, vom Ural, vom Altaï, aus Kamtschatka und selbst aus Californien, bei welchen Exemplaren die Adern, wenn dieselben nicht abgerieben sind, stets gelbliche Bestaubung haben. Ferner führt dieser Parnassier stets einen rothen Wurzelfleck auf der Oberseite der Hinterflügel.

Dieser Falter variirt übrigens sehr mannigfaltig, theils in der oder weniger ausgebreiteten dunkeln Bestaubung, theils in der Zahl und Grösse der schwarzen und rothen Flecke, welche letzteren bald mit bald ohne weissen Kern sind. Unsere Abbildung zeigt ein Paar der auffallendsten Varietäten.

Nach Radde an der Mündung des Oldoi, an der Dseja und im Bureja-Gebirge; nach Maack am Ussuri, von seiner Mündung bis zur Ema. Flugzeit: Mitte Mai bis Anfang Juli.

8. **Parnassius Felderi.** Brem. — Tab. I. Fig. 5.
Bull. de l'Acad. 1861. Tom. III.

Alae subhyalinae nervis ciliisque nigris.

Alae anticae supra grisescentes, maculis duabus discoidalibus maculisque in series tres dispositis albis. Alae posticae albae margine interiore nigro, ocellis parvis duabus coccineis nigro-cinctis, lunulis marginalibus albis intus grisescenti-marginatis.

Alae anticae subtus sicut pagina superior.

Alae posticae subtus ocellis duabus maculaque longitudinali marginem interiorem versus coccineis interne albis, nigro-cinctis; maculis basalibus tribus pallido-coccincis nigro-marginatis. 66—72 m.

Diese ausgezeichnete Novität ist von Radde im Bureja-Gebirge, in 2 Exemplaren, gefangen worden und wir benennen dieselbe unserem entomologischen Freunde Herrn Dr. Felder in Wien zu Ehren.

Der Körper ist mit langen gelben Haaren besetzt, (welche bei den vorliegenden beiden Exemplaren auf der Oberseite des Abdomen leider abgerieben sind, doch sind die Spuren noch deutlich zu erkennen), ebenso ist auch die Wurzel der Vorderflügel gelb behaart. — Die Flügel stark abgerundet wie bei *P. Apollo*; Adern und Fransen schwarz, die vorderen Flügel sehr dünn grau beschuppt, in der Mittelzelle mit zwei weissen Flecken; ausserhalb dieser Zelle zieht sich eine Reihe von 6 weissen Flecken um dieselbe herum;

dann folgt eine Reihe grösserer weisser Flecke, welche vom Vorder- bis zum Innenrande läuft, und endlich vor dem Aussenrande eine dritte Reihe, aus Halbmondflecken zusammgesetzte.

Die Hinterflügel sind weiss, die sehr kleinen Augen blassroth und wie immer mit schwarzer Einfassung; vor dem Aussenrande läuft eine Reihe grauer Halbmonde, welche sich berühren und auf ihrer concaven Seite, dem Rande zu, sehr scharf begrenzt sind, so dass vor den Fransen eine Reihe weisser Halbzirkel entsteht. Der schwarze Innenrand ist wie bei *P. Apollo* begrenzt; der schwarze Wisch am Innenwinkel ist durch einen dunklen Schatten mit der Einfassung des rothen Flecks in Zelle 5 verbunden. Das eine der vorliegenden Exemplare hat einen dritten rothen Fleck in Zelle 2 am Innenrande.

Im Mai und Juli gefangen.

9. **Parnassius Stubbendorfii**. Ménétr.

Ins. rec. par Lehmann. Tab. 6. fig. 2.

Radde brachte diesen Falter aus Dahurien, vom Fl. Schilka und vom Bureja-Gebirge, Maack vom unteren Ussuri. Alle Exemplare wurden vom 19. Mai bis zum 29. Juni gefangen.

10. **Leucophasia sinapis**. Linn.

Hübn. Samml. europ. Schmett. Pap. fig. 401. 411.

Var. *amurensis*. Ménétr. Schrenck's Reise im Amur-Lande. II. Lepid. p. 15. Tab. I. fig. 4. 5.

Da sich vollkommene Uebergänge zwischen beiden Formen finden, so nehmen wir auch keinen Anstand, dieselben zu vereinigen, so sehr die Extreme auch von einander abweichen.

Nach Radde in Dahurien, am Onon und im Bureja-Gebirge, nach Maack am ganzen Ussuri und Kengka-See. Flugzeit: von Anfang Juni bis Anfang August.

11. **Pieris crataegi**. Linn.

Hübn. Samml. europ. Schmett. Pap. fig. 339. 340.

Von Radde in Dahurien, an der Schilka und im Bureja-Gebirge, von Maack am Ussuri gefangen. Flugzeit: Mitte Mai bis Ende Juli.

12. **Pieris Hippia**. Brem. — Tab. III. Fig. 1.

Bull. de l'Acad. 1861. Tom. III.

Alae albae, nigro-nervosae; posticae subtus flavescentes, macula basali flava. 55-70 m.

Auf der Oberseite ist die Färbung vollkommen wie bei *P. Crataegi*, nur am Schlusse der Mittelzelle der Vorderflügel ist die schwärzliche Bestaubung breiter. Auf der Unterseite sind die Hinterflügel gelblich, mit orangefarbigen Wurzelflecken.

Eine grosse Abweichung unseres Falters von *P. Crataegi* zeigt sich aber in der Form der Mittelzelle beider Flügel. Bei *P. Hippia* ist die Mittelzelle der Vorderflügel am Schlusse mehr abgerundet und die der Hinterflügel bedeutend enger.

Bei einem Exemplare vom Ussuri ist die Unterseite der Hinterflügel grünlich glänzend, anstatt gelblich.

Von Radde an der Dseja Mitte Juni und im Bureja-Gebirge Mitte Juli, von Maack am unteren Ussuri im Juni gefangen.

Dem Herrn Botaniker Maximowicz verdankt die akademische Sammlung noch ein Exemplar aus Choro-Chongko, welches am 8. Juli erbeutet wurde.

13. Pieris Melete. Ménétr.

Catal. de la Collect. entom. de l'Acad. p. 69. n. 1142.—Descript. p. 113. Tab 10. fig. 1. 2.

Nach der Meinung des Herrn Dr. Boisduval (Ann. de la Soc. Ent. de France 1860. Bull. ent. p. 54.) ist diese Species eine Varietät der *P. Eruta* aus dem Himalaja-Gebirge, da wir aber *P. Eruta* zum Vergleich nicht vor uns haben, so lassen wir den von Herrn Ménétriès gegebenen Namen vorläufig noch stehen.

Von Radde im Bureja-Gebirge und an der Mündung des Ussuri, von Maack am Ussuri oberhalb der Ema gefangen. Flugzeit: der Monat Juli.

14. Pieris rapae. Linn.

Hübn. Samml. europ. Schmett. Pap. fig. 404. 405.

Radde fing zwei Exemplare im Bureja-Gebirge Ende Juni.

15. Pieris napi. Linn.

Hübn. Samml. europ. Schmett. Pap. fig. 406. 407.

Nur ein Exemplar wurde von Radde im Bureja-Gebirge Anfang Mai gefangen.

16. Pieris Daplidice. Linn.

Hübn. Samml. europ. Schmett. Pap. fig. 414. 415.

Zwei Exemplare ♂ und ♀ im Bureja-Gebirge von Radde im Mai gefangen.

17. Pieris Chloridice. Boisd.

Icon. Hist. Tab. 8. fig. 5. 6. — Boisd. spec. gén. I. p. 543. n. 153.

Ein kleines Exemplar wurde von Radde in Dahurien im Mai gefunden.

18. Anthocharis cardamines. Linn.

Hübn. Samml. europ. Schmett. Pap. fig. 419. 420 et 424. 425.

Aus dem Bureja-Gebirge von Radde gebracht.

19. Anthocharis Belemida. Hübn.

Samml. europ. Schmett. Pap. fig. 929. 930.

Tagis. Boisd. Spec. gén. I. p. 560. n. 4.

Var. *orientalis.* Nobis.

Auf der Oberseite der *A. Belemida*, wie wir dieselbe aus Frankreich und Spanien kennen, völlig gleich, nur ist die Wurzel der Flügel schwärzer. Auf der Unterseite ist die Spitze der Vorderflügel dunkler mit deutlichen weissen Längsstreifen vor den Fransen in Zelle 3, 4, 5 und 6.

Die Hinterflügel sind gleichfalls dunkler und nicht so stark gelb bestaubt als bei *A. Belemida*, und durch mehr feine weisse Punkte und Striche unterbrochen, besonders am Innenrande in der Nähe der Flügelwurzel. Die Flecke vom Aussen- zum Innenwinkel sind zu einer kaum unterbrochenen Binde verbunden, die Flecke vor den Franzen mehr in die Länge gezogen.

Von Radde am Onon im Juli gefangen.

Die akademische Sammlung besitzt Exemplare dieses Falters aus Ujan, Peterpawlowsky und Kamtschatka, welche einen Uebergang zu der *P. Belemida* des Westens bilden.

20. **Gonepteryx rhamni.** Linn. — Hübn. Samml. europ. Schmett. Pap. fig. 442—444.

Grösser und schöner gelb gefärbt als unsere europäischen Exemplare; die orangefarbigen Flecke in der Mitte der Flügel viel grösser und feuriger. Ein ganz gleiches Exemplar besitzt die akademische Sammlung aus China und Kollar beschreibt in Hügel's Reisen die *G. rhamni* vom Himalaja ebenso.

Wir haben, unserer Ansicht nach, diese als eine asiatische Varietät von *G. rhamni* anzusehen und nicht die folgende.

Von Radde im Bureja-Gebirge Ende Juni und von Maack am Kengka-See, Anfang August, gefangen.

21. **Gonepteryx Aspasia.** Ménétr.

Schrenck's Reise im Amur-Lande II. Lepid. p. 17. Tab. 1. fig. 6.

Der Meinung des Herrn Dr. Boisduval, unseres verehrten Veteranen (Ann. de la Soc. entom. de France 1860. Bull. p. 54), dass diese Art eine asiatische Form der *G. rhamni* sei, können wir nicht beipflichten. Dem Scharfblicke des Herrn Dr. Boisduval ist ein Hauptumstand, die abweichende Bildung der Mittelzelle der Hinterflügel, entgangen, worauf übrigens Herr Ménétriès in seiner Beschreibung bereits aufmerksam macht.

Nach Radde im Bureja-Gebirge, nach Maack am Ussuri bis oberhalb der Emamündung. Flugzeit: Juni und Juli.

22. **Colias Aurora.** Esp.

Hübn. Samml. europ. Schmett. Pap. fig. 544. 545. — Boisd. Spec. gén. I. p. 641. a. 8.

Herr Ménétriès war jedenfalls im Irrthum, als er im Catal. de la collect. de l'Acad. Tab. 8. fig. 2. die Abbildung eines Weibes von *C. Aurora* zu geben glaubte. Wir halten *C. Chloë* Eversm. ♀ für das Weib von *C. Aurora*; wenigstens könnte man *Chloë* ♀ mit demselben Recht als das Weibchen der *Aurora* betrachten, wie *Helice* Hübn. als eine Form des Weibes der *Edusa* angesehen wird. Wir werden in unserer Ansicht noch besonders dadurch bestärkt, dass wir ein ♀ von *Chloë* aus Kiachta vor uns haben, welches einen schwachen Anflug von Orangegelb zeigt. Die hellen Randflecke der Flügel variiren übrigens beständig; uns liegen Exemplare sowohl von *C. Chloë* als auch von *C. Aurora* vor, bei welchen diese Flecke bis zu den Fransen reichen, und wieder andere, wo dieselben ganz von dem schwarzen Aussenrande umschlossen sind.

Was Eversmann (Bull. de Mosc. 1857. Tab. IV fig. 1) als ♂ von *C. Chloë* abbildet, gehört zu *C. Melinos*, welche gleichfalls sehr abändert.

Nach Radde am Amur, vom Onon an bis zum Bureja-Gebirge, nach Maack am untern Ussuri. Flugzeit: Juni.

23. **Colias Melinos.** Eversm.
Bull. de Mosc. 1847. 2. p. 72. Tab. III. fig. 3—6.
Chloë ♂ ebendaselbst Tab. IV. fig. 1. 2.
Melinos. H.-Schäff. Pap. Europ Tab. 129 fig. 624—627.

Diese bis jetzt noch seltene Art ändert darin ab, dass der schwarze Aussenrand bald breiter bald schmäler ist, und daher die gelben Randflecke auch mehr oder weniger umschliesst. Uns liegt ein Exemplar vor, welches *C. Chloë* ♂ Eversm. vollkommen gleich kommt, aber auch Uebergänge zu seiner *C. Melinos*, daher stehen wir auch nicht an, diesen sogenannten ♂ von *C. Chloë* mit *C. Melinos* zu vereinigen. Beim Manne scheint der Mittelfleck der Unterseite der Hinterflügel auf der Oberseite kaum merklich durch, beim Weibe aber sieht man hier einen deutlichen hellgelben Fleck und darüber noch einen kleinen auf grau bestaubtem Grunde. Diese Flecke fehlen in der Eversmannschen Abbildung.

Von Radde im Mai an der Schilka und Anfang Juni am Amur gefangen.

24. **Colias Palaeno.** Linn.
Var. *Europome.* Esp. Schmett. Pap. Pl. 42. Suppl Pl. 18. fig. 1. 2.

Nach Radde am Onon, an der Schilka und im Bureja-Gebirge nicht selten. Flugzeit: Ende Mai bis Anfang Juli.

25. **Argynnis Sagana.** Doubeld. et Hewits.
Gener. of Diurn. Lep. Tab. 24. fig. 1.
♀ *Damora Paulina.* Nordm. Bull. de Mosc. 1851. 2. p. 440 Tab. 11. fig. 1. 2.

So sehr die beiden Geschlechter auch auf der Oberseite von einander verschieden sind, so wird man doch bei genauer Prüfung der Unterseite der Hinterflügel, wenn auch nicht die Färbung, so doch die Zeichnung beider gleich finden. Da uns dieses schon längst aufgefallen war und uns noch nie ein dem Manne ähnliches Weib zu Gesicht gekommen, so wurden wir durch Herrn Radde's Mittheilung, dass er beide in Begattung gefunden, auch nicht sehr überrascht.

Beide Geschlechter wurden von Radde und Maack, vom ersteren im Bureja-Gebirge, vom letzteren am Ussuri bis zur Einmündung gefangen. Flugzeit: Juni und Juli.

26. **Argynnis Paphia.** Linn.
Hübn. Samml. europ. Schmett. Pap. fig. 69. 70.

Von Radde im Bureja-Gebirge, von Maack am Ussuri, zwischen der Mündung des Noor und Sibka, Ende Juni gefangen.

27. **Argynnis Adippe.** Linn.
Hübn. Samml. europ. Schmett. Pap. fig. 63. 64.

In vielen Varietäten, unter denen sich die nordischen durch dunkele Färbung und grünen Anflug der Unterseite auszeichnen.

Nach Radde an der Nordseite des Baikal-Sees, im Apfel-Gebirge, in Dahurien, am Onon und Bureja-Gebirge; nach Maack am unteren Ussuri. Flugzeit: Ende Juni und Juli.

28. **Argynnis Aglaja.** Linn.
   Hübn. Samml. europ. Schmett. Pap. fig. 65. 66.

Von Radde von der Nordseite des Baikal-Sees, vom Apfelgebirge, aus Dahurien, vom Onon und dem Bureja-Gebirge, von Maack vom Ussuri gebracht. Flugzeit: Juni bis August.

29. **Argynnis Laodice.** Pallas.
   Reise App. p. 470.
   Ochsenh. Schmett. v. Europ. I. 1. p. 95.

Am Ussuri oberhalb der Ema von Maack, Ende Juli, gefangen.

30. **Argynnis Daphne.** Fabr.
   Hübn. Samml. europ. Schmett. Pap. fig. 45. 46.

Die Exemplare vom Bureja-Gebirge und vom Onon sind sehr gross, wie *A. Laodice*, und schöner gefärbt als die europäischen.

Nach Radde: an der Nordseite des Baikal-Sees, in Dahurien, am Onon und im Bureja-Gebirge. Flugzeit: Ende Juni bis August.

31. **Argynnis Ino.** Esp.
   Ochsenh. Schmett. v. Europ. I. 1. p. 69.

Sehr grosse Exemplare, vollkommen so gross als *Cleoris*. Esp. Tab. XLIV. Suppl. XX. fig. 3 und Tab. LXXV. Cont. XXV. fig. 1.

Radde: Nordseite des Baikal-Sees, im Apfelgebirge, in Dahurien, am Onon, im Bureja-Gebirge und an der Mündung des Ussuri. — Maack: am Ussuri, von seiner Mündung bis zur Ema. Flugzeit: Mitte Juni bis Mitte Juli.

32. **Argynnis Freja.** Thunb.
   Diss. III. Tab. 5. fig. 14.
   Hübn. Samml. europ. Schmett. Pap. fig. 55. 56.

Von Radde in Dahurien Mitte Juni gefangen.

33. **Argynnis Thore.** Hübn.
   Hübn. Samml. europ. Schmett. Pap. fig. 571—573.
   Boisd. Icon. Lép. Europ. p. 96. Tab. 20. fig. 3. 4.

Kleiner und auf der Oberseite weniger schwarz als die schweizer Exemplare, welche wir vor uns haben.

Von Radde im Bureja-Gebirge im Juni gefangen.

34. **Argynnis Arsilache.** Esp.
   Hübn. Samml. europ. Schmett. Pap. fig. 36. 37.

Nach Radde an der Nordseite des Baikal-Sees und im Apfelgebirge. Flugzeit: Juli.

35. **Argynnis Euphrosyne.** Linn.
   Hübn. Sammlung europ. Schmett. Pap. fig. 28—30.

Von Radde im Mai bis Anfang Juli am Onon, an der Schilka und im Bureja-Gebirge gefangen.

36. **Argynnis Selenia.** Eversm.
   Bull. de Mosc. 1837. p. 10.
   Hübn. Sammi. europ. Schmett. Pap. fig. 1014. 1015.

An der Nordseite des Baikal-Sees, in Dahurien und im Bureja-Gebirge von Radde gefangen. Flugzeit: Ende Mai bis Ende Juli.

37. **Argynnis Selene.** W. V.
   Hübn. Sammi. europ. Schmett. Pap. fig. 26. 27.

Sehr kleine Exemplare, von der Schilka und aus dem Bureja-Gebirge durch Radde gebracht. Flugzeit: Mai.

38. **Melitaea Amphilochus.** Ménétr.
   Schrenck's Reise im Amur-Lande II. Lepid. p. 21. Tab. II. fig. 1.

Dieses in seinem Genus so hervorragende Thier scheint im Osten von Asien eine weite Verbreitung zu haben, denn Herr Dr. v. Schrenck brachte einen Mann aus Pakhale am Amur und jetzt erhielt die akademische Sammlung zwei weibliche Exemplare, welche von Radde an der Nordseite des Baikal-Sees gefangen worden sind.

Das Weib ist bedeutend grösser als der Mann (bis 57 m.), auf der Oberseite haben die Flügel nicht den grünen Anflug des Mannes, aber auf der Unterseite sind beide Geschlechter völlig gleich.

Im Juli gefangen.

39. **Melitaea intermedia.** Ménétr.
   Maturna Var. intermedia. Ménétr. Schrenck's Reise im Amur-Lande II. Lep. p. 22. Tab. II. fig. 2.

Unmöglich können wir dieses Thier für eine blosse Varietät von *M. Maturna* ansehen. Abbildung und Beschreibung dieses Falters sind durchaus verfehlt. Herr Ménétriès sagt, dass seine *Var. intermedia* auf der Oberseite der *M. Maturna* gleich sei; dem ist aber nicht so. Denn *M. intermedia* ♂ (wir kennen nur männliche Exemplare) hat nur einen hellgelben Fleck am Vorderrande, welcher durch die schwarze Rippe 9 durchbrochen ist, alle übrigen Flecke aber sind gleichfarbig rothgelb, was bei *M. Maturna* nicht der Fall ist. Alle Flecke stimmen in Form und Farbe vollkommen mit *M. Cynthia* ♀ überein, der äussere schwarze Rand ist aber nicht durch eine gelbrothe Linie unterbrochen, wie bei dieser. Die äussere rothgelbe Fleckenbinde der Hinterflügel hat auf beiden Seiten in Zelle 1, 2 und 3, zuweilen auch noch in 4, kleine schwarze Punkte, wie *M. Artemis*, nur sind diese Punkte auf der Oberseite nicht so deutlich, ein Umstand, welcher sowohl Herrn Ménétriès, als auch dem Zeichner entgangen ist.

Von Radde, im Mai, an der Schilka gefangen.

40. **Melitaea Artemis.** W. V.
   Hübn. Sammi. europ. Schmett. Pap. fig. 4. 5.

Von Dahurien und der Schilka durch Radde gebracht. Flugzeit: Mai und Juni.

41. **Melitaea Phoebe.** W. V.
   Hübn. Samml. europ. Schmett. Pap. fig. 13. 14.

Von unseren beiden Reisenden in den verschiedensten Abänderungen gebracht; die nordischen Exemplare sind die dunkelsten.

Von der Nordseite des Baikal-Sees, von der Schilka, der Dseja, aus dem Bureja-Gebirge, so wie vom Ussûri bis oberhalb der Ema. Flugzeit: Juni und Juli.

42. **Melitaea baicalensis.** Brem. — Tab. I. Fig. 6.
   Bull. de l'Acad. 1861. Tom. III.

Alae supra fulvae, fusco-reticulatae.

Alae anticae subtus fulvae maculis obsoletissime fuscis, lunulis marginalibus luteis sex.

Alae posticae fulvae, nigro-nervosae, fascia basali et discoidali e maculis, marginali e lunulis flavis compositis, maculaque inter fasciam primam et secundam flava; maculis flavis omnibus tenuiter nigro-cinctis. 39 m.

Auf der Oberseite der Flügel ist diese Art einigen dunkeln Exemplaren von *M. Parthenie* nicht unähnlich, doch ist dieselbe viel grösser, die Flügel abgerundeter und die Färbung bedeutend feuriger. Der Aussenrand so wie der Innenrand der Hinterflügel breit schwarz bestäubt, so dass die gelben Randflecke nur sehr schwach hervortreten.

Besonders auffallend weicht aber die Unterseite der Flügel von derjenigen der bis jetzt bekannten *Melitaeen* ab. Die Vorderflügel sind nämlich einfarbig ockergelb, mit äusserst schwachen dunklen Zeichnungen und nur 5 bis 6 hellgelbe, innen fein schwarz begrenzte Halbmonde an der Flügelspitze treten deutlich hervor. Die Zeichnung der Hinterflügel erinnert an diejenigen von *M. Maturna*, doch ist die Grundfarbe nicht so röthlich, sondern mehr feurig ockergelb; die gelben Flecke an der Flügelwurzel sind ganz wie bei *M. Maturna* gestellt. Die gelbe Mittelbinde ist schwarz eingefasst und einmal, bis zum Innenrande, durch eine schwarze Linie getheilt; dieser Rand ist aber nicht hellgelb wie bei *M. Maturna*, sondern auf hellem Grunde schwärzlich bestäubt. Zwischen der Mittelbinde und den gelben, gleichfalls schwarz gesäumten Randmonden bemerkt man nur einige schwarze Schuppen. Der Raum von den Randmonden bis zu der schwarzen Linie vor den Fransen ist breiter wie gewöhnlich, breiter z. B. als bei *M. Athalia* und *M. Parthenie*, und nicht wie bei diesen beiden Species hellgelblich, sondern von der Grundfarbe, was bei *M. Maturna* gleichfalls stattfindet. Die hellgelben Fransen sind nicht schwarz durchbrochen, sondern, kaum merklich, ockergelb.

Ein schönes frisches Exemplar erbeutete Radde an der Nordseite des Baikal-Sees im Juli.

43. **Melitaea Trivia.** W. V.
   Ochsenh. Schmett. v. Europ. I. 1. p. 30.
   Hübn. Samml. europ. Schmett. Pap. fig. 11. 12.

An der Nordseite des Baikal-Sees, im Dahurien, am Onon und im Bureja-Gebirge von Radde gesammelt. Flugzeit: Juni bis August.

44. **Melitaea Didyma.** Esp.
Ochsenh. Schmett. v. Europa. I. 1. p. 30.
Var. ♂ *Didymoides*. Eversm. Bull. de Mosc. 1847. II. p. 67. Tab. I. fig. 3. 4.
Var. ♀ *Latonigena*. Eversm. Bull. de Mosc. 1847. II. p. 66. Tab. I. fig. 1. 2.

Bei der grossen Anzahl uns vorliegender Exemplare, worunter Uebergänge zu den beiden Eversmannschen Arten vorhanden sind, glauben wir ein Recht zu haben, diese einzuziehen. Beide sind die in Ost-Sibirien am häufigsten vorkommenden Formen von ♂ und ♀ der *M. Didyma*.

An der Nordseite des Baikal-Sees, im Apfelgebirge, in Dahurien, am Onon und im Bureja-Gebirge von Radde gefangen. Flugzeit: Mai bis August.

45. **Melitaea Dictynna.** Esp.
Ochsenh. Schmett. v. Europa. I 1. p. 42.

Von Radde im Apfelgebirge, in Dahurien, an der Dseja und im Bureja-Gebirge gefangen.

46. **Melitaea Athalia.** Esp.
Ochsenh. Schmett. v. Europ. I. 1. p. 44.

Sämmtliche Exemplare aus dem Amur-Gebiete sind sehr gross und hell gefärbt, die nordischen dunkel.

Am Baikal-See, an der Dseja und im Bureja-Gebirge von Radde, am Ussuri, zwischen Noor und Ema, von Maack gesammelt. Flugzeit: Juni und Juli.

47. **Melitaea Parthenie.** Borkh.

Es kann nicht im Zwecke dieses Werkes liegen, den Wirrwarr zu lösen, welcher bis jetzt noch über dieses Thier herrscht, daher begnügen wir uns nur zu erwähnen, dass wir durch Radde sowohl die hellere, von Herrich-Schäffer als die wahre *M. Parthenie* aufgestellte Form, als auch die dunklere nordische (*Athalie* Hübn. 19, 20. *Aurelie* Nick.) vor uns haben; doch finden sich auch Exemplare, welche unstreitig zwischen beiden stehen.

Vom Baikal-See, aus Dahurien, von der Schilka und der Dseja, Juni und Juli.

48. **Melitaea Britomartis.** Asm. — Tab. III. Fig. 2.
Var. *Plotina*. Brem. Bull. de l'Acad. 1861. Tom. III.

Bei genauer Untersuchung von noch mehreren Exemplaren, sind wir geneigt, dieses Thier als kleinere, dunkle Varietät zu *M. Britomartis* Asm. zu ziehen, da sich Uebergänge vorgefunden haben.

Die Unterseite ist in der Grundfarbe dunkler, die schwarzen Binden der Vorderflügel breiter und laufen fast immer ununterbrochen vom Vorder- zum Innenrande. Die innere Hälfte der getheilten hellen Binde der Hinterflügel ist gewöhnlich ebenso dunkel wie die Grundfarbe, und daher tritt nur die äussere Hälfte deutlich hervor. Diese Binde ist oft sehr hell, fast weiss, oft auch ockerfarbig und die einzelnen Flecke erscheinen, durch die schwarzen Adern zusammen gedrängt, schmäler als bei *M. Britomartis*. Die äussere dunkle Binde ist oft ganz schwarz, mit nur kleinen ockerfarbigen Flecken; ebenso sind die darauf folgenden

Randmonde viel kleiner. Am Innenwinkel zeichnet sich ein nur ganz schmales, helles Streifchen vom dunklen Grunde grell ab. Alle diese Unterschiede könnten wohl eine Art begründen, wenn sich keine Uebergänge gefunden hätten.

Von Radde im Bureja-Gebirge und von Maack am unteren Ussuri im Juni und Juli gefunden.

49. **Melitaea Arcesia.** Brem. — Tab. I. fig. 7.
Bull. de l'Acad. 1861. Tom. III.

Alae supra fuscae, fasciis macularum pallido-fulvarum.

Alae anticae subtus pallido-fulvae, maculis obsoletis serieque punctorum nigrorum submarginali distincta. Alae posticae pallido-fulvae, fasciis tribus ordinariis maculaque inter fasciam primam et secundam flavis. 29—42 m.

Es giebt wohl kaum eine *Melitaea*, welche so sehr in Grösse varlirt als diese. Was die Färbung anbetrifft, so kann man wohl sagen, dass bei weitem die grosse Mehrzahl auf der Oberseite dunkel gefärbt ist, mit hellgelblichen Fleckenbinden; doch ist auch bei einigen Exemplaren die helle Farbe, wenigstens auf den Vorderflügeln, vorherrschend. Die Unterseite der Flügel bleibt sich dagegen stets ganz gleich, nur dass die schwarze Punktreihe oder die Reihe kleiner runder Fleckchen, welche vor dem Aussenrande der Vorderflügel und parallel mit diesem sich hinzieht, zuweilen etwas matter erscheint. Mit *M. Athalia* verglichen sind alle Zeichnungen auf der Unterseite der Vorderflügel viel matter, nur die erwähnte Punktreihe und die Randmonde an der Flügelspitze treten deutlich hervor. Die Grundfarbe der Hinterflügel ist matter als bei *M. Athalia*, die Randmonde liegen weiter vom Saume entfernt und der Raum zwischen diesen und der schwarzen Saumlinie ist auffallend breit und nicht hellgelblich, wie bei *M. Athalia*, sondern stets von der Grundfarbe, d. h. ockergelb. Die dunklere Binde innerhalb der Randmonde enthält nie eine zweite Reihe rothgelber Mondflecke, sondern nur eine schwache Andeutung einer dunklen, schwach gewellten Linie und diese Binde selbst bleibt stets ganz einfarbig.

Am Baikal-See und in Dahurien von Radde gesammelt. Flugzeit: Mitte Juni bis August.

50. **Melitaea Protomedia.** Ménétr.
Schrenck's Reise im Amur-Lande II. Lepid. p. 23. Tab. II fig. 6. 7.

Von Radde im Bureja-Gebirge Anfang Juli gefangen.

51. **Araschnia Prorsa.** Linn.
Hübn. Samml. europ. Schmett. Pap. fig. 94—96.
Var. *Levana*. Linn.
Hübn. Samml. europ. Schmett. Pap. fig. 97. 98.

Beide Formen wurden von Radde im Bureja-Gebirge und von Maack am unteren Ussuri gefunden, vom Mai bis Mitte Juli.

52. **Araschnia burejana.** Brem. — Tab. I. Fig. 8.
Bull. de l'Acad. 1861. Tom. III.

Alae dentatae supra fulvo-nigroque-maculatae et fasciatae, dimidio basali nigro, fulvo-reticulato, fascia communi fulva a medio alarum anticarum ad marginem interiorem posticarum ducta; margine posteriore nigro, strigis fulvis.

Alae anticae supra maculis costalibus duabus fulvis fasciaque submarginali irregulari fulva, in cellula 5-ta ocellum nigrum albo-pupillatum, in cellula 4-ta punctum album includente. Alae posticae fascia submarginali fulva seriequae macularum nigrarum; margine posteriore nigro, strigis coerulcis ornato.

Alae subtus ferrugineae fascia media communi flava, a margine anteriore alarum anticarum ad marginem interiorem posticarum ducta; dimidio basali flavo-et nigro-reticulato; area postica ferrugineo-fulvoque-varia, plagam violaceam punctaque alba quatuor includente; marginibus posterioribus flavo-bilineatis. Alae posticae ante has lineas serie e maculis longitudinalibus nigro-cinctis, in cellulis 1-ma, 2-da et 3-tia coerulcis, in reliquis flavis, composita. 35—39 m.

Diese neue Art steht der *A. Levana* am nächsten, ist aber grösser, die Oberseite der Vorderflügel hat an der Spitze ein deutliches schwarzes Auge, mit weisser Pupille auf ockerfarbigem Grunde, welches nie mit dem schwarzen Flecke des Vorderrandes in Verbindung steht, wie bei *A. Levana* dies stets der Fall ist. Unter diesem Auge liegt ein weisser Punkt wie bei *A. Levana*; am Vorderrande, gegen die Flügelspitze, aber findet sich nie ein weisser Fleck wie bei dieser.

Das Wurzelfeld ist breiter schwarz, worin eine breite gelbe Binde liegt, welche sich in einem stumpfen Winkel bis in die Mitte des Vorderflügels fortsetzt.

Auf der Unterseite läuft vom Vorderrande der Vorderflügel bis zum Innenrande der Hinterflügel eine hellgelbe Binde, in Form der weissen Binde bei *A. Prorsa*. Ferner verläuft sich der violette, gegen die Spitze der Vorderflügel gelegene Fleck, allmählich in die Grundfarbe, während derselbe bei *A. Levana* scharf begrenzt ist.

Das Hauptunterscheidungszeichen unserer Art aber ist die Form der Hinterflügel, indem die schwanzartige Verlängerung der Rippe 4 fehlt, welche sowohl *A. Prorsa* wie *A. Levana* characterisirt.

Alle 10 Exemplare, welche wir zum Vergleich vor uns haben, wurden von Radde im Bureja-Gebirge gefangen. Flugzeit: Mitte Mai bis Mitte Juli.

53. **Grapta c-album.** Linn.

Hübn. Samml. europ. Schmett. Pap. fg. 92. 93.

Am Baikal-See und im Bureja-Gebirge von Radde und am unteren Ussuri von Maack gefangen. Flugzeit: Juni und Juli.

54. **Vanessa v-album.** W. V.

Hübn. Samml. europ. Schmett. Pap. fg. 83. 84.

Von Radde im Bureja-Gebirge und am Ussuri gefangen. Flugzeit: Ende Juni bis Mitte Juli.

55. **Vanessa Xanthomelas.** W. V.

Hübn. Samml. europ. Schmett. Pap. fg. 85. 86.

Am Onon und im Bureja-Gebirge von Radde, am unteren Ussuri von Maack im Juni und Juli gefangen.

56. **Vanessa urticae.** Linn.
Hübn. Samml. europ. Schmett. Pap. fig. 87. 88.
In Dahurien, am Onon und an der Ema von beiden Reisenden gefangen. Juni und Juli.

57. **Vanessa Jo.** Linn.
Hübn. Samml. europ. Schmett. Pap. fig. 77. 78.
Im Bureja-Gebirge und am Amur, abwärts bis zum Ussuri, im Juli, von Radde gefangen.

58. **Vanessa Antiope.** Linn.
Hübn. Samml. europ. Schmett. Pap. fig. 79. 80.
Ein Exemplar von Radde aus dem Bureja-Gebirge.

59. **Vanessa Charonia.** Drury.
III. I. Tab. 13. fig. 1. 2. — Cram. Tab. 47. fig. A—C.
Ein Exemplar dieses in Japan und China nicht seltenen Falters fing Maack am Kengka-See, Anfang August.

60. **Pyrameis cardui.** Linn.
Hübn. Samml. europ. Schmett. Pap. fig. 73. 74.
Am Baikal-See und im Bureja-Gebirge von Radde gefangen. Flugzeit: Juli.

61. **Pyrameis Callirhoë.** Hübn.
Samml. exot. Schmett.
Vulcania. Godt. Enc. M. IX. p. 320. n. 55.
Ende Juli von Radde im Bureja-Gebirge gefangen.

62. **Neptis aceris.** Esp.
Ochsenh. Schmett. v. Europ. I. 1. p. 136.
An der Dseja von Radde, zwischen dem Noor und der Ema von Maack gefangen. Flugzeit: Mitte Mai bis Mitte Juli.

63. **Neptis Lucilla.** W. V.
Hübn. Samml. europ. Schmett. Pap. fig. 101. 102.
Var. *Ludmilla.* Herr.-Schäff. Europ. Pap fig. 546.
Am Baikal-See, am Onon, an der Schilka, an der Dseja und im Bureja-Gebirge von Radde, am unteren Ussuri von Maack, Ende Mai bis Anfang Juli, gefangen.
Die Varietät *Ludmilla* stammt vom Onon.

64. **Neptis Philyra.** Ménétr.
Schrenck's Reise im Amur-Lande. II. Lepid. p. 25. Tab. II. Fig. 8.
Von Radde an der Dseja und im Bureja-Gebirge im Juni und Juli gefangen.

65. **Neptis Thisbe.** Ménétr.
Schrenck's Reise im Amur-Lande. II. Lepid. p. 26. Tab. II. Fig. 9.

Bei einer Varietät vom Ussuri sind die gelben Binden und Flecke fast weiss, auf der Unterseite zeigen sich alle Zeichnungen gleichfalls weisslicher und matter.

Durch Radde von der Dseja und dem Bureja-Gebirge, durch Maack vom unteren Ussuri gebracht. Flugzeit: Juni und Juli.

66. **Neptis Raddei.** Brem. — Tab. I. Fig. 9.

Diadema Raddei. Brem. Bull. de l'Acad. 1861. Tom III.

Alae albido-griseae albo-ciliatae, nervis nigro-fusco-limbatis.

Alae anticae supra lunula discoidali obsoleta; margine interiore vitta basali lata nigra. Alae posticae lunulis marginalibus obsoletis grisescentibus, striga nigro-fusca in cellula 1 a basi ad marginem posteriorem ducta lineaque tenui apud basim, in cellula 4 sub angulo acuto reflecta.

Alae subtus pallidiores, interdum subfuscescentes, marginibus anterioribus atris; lunula discoidali alarum anticarum lunulisque marginalibus posticarum distinctioribus; alae anticae lunulis marginalibus obsoletis grisescentibus. 60 — 70 m.

Obgleich dieser Falter in seiner Färbung sehr bedeutend von allen bis jetzt bekannten Neptis-Arten abweicht, so gehört er dennoch, nach genauer Untersuchung seiner Adern, zu diesem Genus.

Die schmutzig weisse Grundfarbe zieht zuweilen ins Graue, zuweilen ins Gelbliche; alle Adern mehr oder weniger breit schwarz bestaubt. Die Ränder der Vorderflügel schwarz, ebenso ein breiter Wisch, welcher sich von der Flügelwurzel längs des Innenrandes erstreckt. Der weisse dunkel eingefasste Mondfleck in der Mitte des Flügels ist nur schwach angedeutet; noch schwächere Mondflecke, welche oft ganz verschwinden, ziehen sich längs des Aussenrandes hin.

Auf den Hinterflügeln läuft durch die Zelle 1' ein schwarzer Streifen, welcher ganz das Ansehen einer Ader hat, von der Flügelwurzel bis zum Aussenrande; ebenso bemerken wir an der Flügelwurzel einen feinen schwarzen Strich in Zelle 4, welcher einen spitzen Winkel gegen Ader 3 bildet, wodurch Zelle 4 wie geschlossen erscheint. Die äusseren hellen Randmonde treten hier stets deutlicher hervor als auf den Vorderflügeln.

Im Bureja-Gebirge durch Radde entdeckt. Flugzeit: Mitte Mai bis Anfang Juli.

67. **Athyma nycteis.** Ménétr.

Schrenck's Reise im Amur-Lande. II. Lepid. p. 28. Tab. II. Fig. 11.

Vom Bureja-Gebirge durch Radde, vom mittleren Ussuri durch Maack erhalten. Flugzeit: Juni und Juli.

68. **Limenitis populi.** Linn.

Hübn. Samml. europ. Schmett. Pap. fig. 108 — 110.

An der Dseja und im Bureja-Gebirge von Radde, am Ussuri bis zur Ema von Maack gesammelt. Juni und Juli.

69. **Limenitis Sibylla.** Linn.

Hübn. Samml. europ. Schmett. Pap. fig. 103 — 105.

Vom Bureja-Gebirge und von der Mündung des Ussuri durch Maack gebracht. Juni und Juli.

70. **Limenitis Sydyi.** Kinderm.
Var. *late-fasciata* Ménétr. Schrenck's Reise im Amur-Lande. II. Lepid. p. 29
Von der Ussuri-Mündung durch beide Reisende erhalten. Flugzeit: Juni und Juli.

71. **Limenitis Amphyssa.** Ménétr.
Schrenck's Reise im Amur-Lande. II. Lepid. p. 30. Tab. III. Fig. 1.
Von der Dseja und dem Bureja-Gebirge durch Radde und vom unteren Ussuri durch Maack erhalten. Flugzeit: Juni und Juli.

72. **Apatura Iris.** Linn.
Hübn. Samml. europ. Schmett. Pap. fig. 117. 118 et 584.
Von Radde im Bureja-Gebirge, im Juni und Juli, gefangen.

73. **Apatura Ilia.** Fabr.
Var. *Clitie.* W. V. — Hübn. Samml. europ. Schmett. Pap. fig. 113. 114.
In den verschiedensten Varietäten von Radde und Maack im Bureja-Gebirge und am Ussuri in Mehrzahl gefangen, doch kein Exemplar der sogenannten Stammart. Juni und Juli.

74. **Apatura Schrenckii.** Ménétr.
Adolias Schrenckii. Ménétr. Schrenck's Reise im Amur-Lande. II. Lepid. p. 31. Tab. III. Fig. 2.
Auf der citirten Tafel ist das Weib abgebildet; beim Mann ist die Grundfarbe dunkler und die gelbe Fleckenbinde auf den Vorderflügeln verschwindet fast gänzlich.
Im Bureja-Gebirge und an der Ussuri-Mündung von Radde, zwischen Noor und Ema von Maack gefangen. Juni und Juli.

75. **Erebia Medusa.** W. V.
Hübn. Samml. europ. Schmett. Pap. fig. 103. 104.
In Daburien von Radde, im Juni, gefangen.

76. **Erebia Nerine.** Treitsch.
Suppl. Ochsenh. Schmett. v. Europ. X. 1. p. 49.
Herr.-Schäff. Pap. Europ. Tab. 15. fig. 69—74.
Durch Radde aus Ost-Sibirien gebracht.

77. **Erebia Parmenio.** Böb.
Mém. de la Soc. d. Nat. de Mosc. Tom. II. p. 306. Tab. XIX.
Von Radde in Daburien, am Onon und an der Schilka vom Mai bis Juli gefangen.

78. **Erebia Cyclopides.** Eversm.
Bull. de Mosc. 1844. 3. p. 590. Tab. 14. Fig. 4 a. b.
Herr.-Schäff. Pap. Europ. Tab. 126. fig. 107. 108.
An der Schilka und am Amur von Radde, am untern Ussuri von Maack, im Mai und Juni, gefangen.

79. **Erebia Nedakovii.** Eversm.
Bull. de Mosc. 1847. II. p. 70. Tab. 1. Fig. 5. 6.
Herr.-Schäff. Pap. Europ. Tab. 123. fig. 591. 592.
Von Radde im Apfelgebirge, im Juli, gefangen.

80. **Erebia Edda.** Ménétr.
Middendorff's Reise. Tab. III. Fig. 11.
Ein Exemplar fing Radde, im Juni, an der Schilka.

81. **Erebia Embla.** Thunb.
Diss. Acad. Ins. Suec. 2. 38. III. p. 52. Tab. 5. Fig. 8.
Zetterst. Ins. Lapp. 904. n. 12.
Von Radde, im Juni, in Dahurien gefangen.

82. **Erebia Wanga.** Nobis. — Tab. II. Fig. 1.
E. Tristis. Brem, Bull de l'Acad. 1861. Tom. III.
Alae supra nigro-fuscae; anticae ocello apicali nigro, albo-bipupillato, griseo-cingulato.
Alae anticae subtus ocello flavo-cincto; posticae dilutius irroratae puncto medio albo. 47 m.

(Der Name *Tristis* musste geändert werden, da derselbe bereits vergeben ist).
Die Oberseite der Flügel ist dunkel schwarzbraun; die Vorderflügel haben ein doppelt weiss gekerntes Auge, wie *E. Cyclopia*, doch nicht gelb umzogen, wie bei dieser, sondern mit einem grauen Ringe, welcher wenig von der Grundfarbe absticht. Das eine der beiden schön conservirten Exemplare, welche wir vor uns haben, hat am Aussenwinkel der Hinterflügel noch einen grauen Fleck, welcher auch auf der Unterseite durchscheint, doch scheint dies etwas Zufälliges zu sein.

Das Auge der Vorderflügel ist auf der Unterseite durch einen scharf begrenzten, schmalen gelben Ring eingefasst. Die Hinterflügel sind mit weisslichen Atomen bestreut und führen einen weissen Fleck am Schlusse der Mittelzelle, aber bestimmter und abgerundeter als *E. Embla*.

Beide gleich frische Exemplare fing Radde, das eine am 1. das andere am 31. Mai, im Bureja-Gebirge.

83. **Erebia Ero.** Brem. — Tab. II. Fig. 2.
Bull de l'Acad. 1861. Tom. III.
Alae supra fusco-brunneae; anticae serie submarginali e punctis parvis nigris rufo-cinctis composita.
Alae anticae subtus brunneae fusco-marginatae, ocello duplici apicali; posticae albido-adspersae, fascia discoidali obsoletissima, puncto medio et punctis parvis submarginalibus quatuor albis. 42 m.

Diese Species steht mit *E. Disa* in einer Gruppe, ist aber kleiner und die Flügel sind abgerundeter.

Die Vorderflügel haben längs des Aussenrandes 4 kleine, rothbraun umzogene Punkte, von denen die oberen dicht an einander liegen, oder kleine rothbraune Flecke mit schwarzer Pupille.

Die Unterseite der Vorderflügel ist kastanienbraun, nicht ins Graue übergehend, wie bei *E. Disa*; zwei kleine, weiss gekernte Augen liegen in Zelle 4 und 5, und ein fast unmerkliches schwarzes heller eingefasstes Pünktchen in Zelle 2.

Die Hinterflügel sind dunkelbraun, weisslich bestaubt, aber viel gröber als bei *E. Disa*; die Spuren einer Mittelbinde sind kaum angedeutet. Am Schlusse der Mittelzelle ein grösserer weisser Fleck, dahinter 4 kleinere, in Zelle 2, 3, 4 und 5, wie bei einigen Exemplaren von *E. Edda*.

Im Apfelgebirge, im Monat Juli, von Radde gefunden.

84. **Chionobas Tarpeja.** Esp.
   Ochsenh. Schmett. v. Europ. I. 1. p. 203.
   Herr.-Schäff. Pap. Europ. Tab. 13. fig. 61. 62.

Ein einziges, sehr schön ockergelb gefärbtes Exemplar fing Radde, im Juni, in Dahurien.

85. **Chionobas Urda.** Eversm.
   Bull. de Mosc. 1847. III p. 69. Tab. II. Fig 1. 2.
   Herr.-Schäff. Pap. Europ. Tab. 97. fig. 461—463.
   Nanna. Ménétr. Schrenck's Reise im Amur-Lande. II. Lepid. p. 38. Tab. III. fig. 5.

Die Grundfarbe dieser Species variirt sehr, die hellen Exemplare sind gleich *Ch. Urda* Eversm., die dunklen gleich *Ch. Nanna* Ménétr. — Was aus Kiachta gewöhnlich als *Ch. Urda* verschickt wird, ist *Ch. Sculda* Eversm.

In Dahurien, am Onon und im Bureja-Gebirge von Radde gefangen. Flugzeit: Mai und Juni, bis Anfang Juli.

86. **Chionobas Jutta.** Hübn.
   Samml. europ. Schmett. Pap. fig. 152. 153.
   Boisd. Icon. I. p. 187. Tab. 39. fig. 1. 2.

Ein sehr grosses Exemplar fing Radde, im Juni, in Dahurien.

87. **Chionobas Oeno.** Boisd.
   Icon. p. 195. Tab. 39. fig. 4—6.
   Herr.-Schäff. Pap. Europ. fig. 59. 60.

Ein ganz besonders grosses Exemplar erhielten wir von Radde aus dem Apfelgebirge. Flugzeit: Juli.

88. **Arge Hallmede.** Ménétr.
   Schrenck's Reise im Amur Lande. II. Lepid. p. 37. Tab III. Fig. 6. 7.

Vom Bureja-Gebirge von Radde, vom mittleren Ussuri von Maack erhalten. Flugzeit: Juli.

89. **Lasiommata Schrenckii.** Ménétr.
   Pronophila Schrenckii. Ménétr. Schrenck's Reise im Amur-Lande. II. Lepid. p. 33. Tab. III. Fig. 3.
   Im Bureja-Gebirge und an der Mündung des Ussuri von Radde im Juli gefangen.

90. **Lasiommata Maackii.** Brem. — Tab. III. Fig. 8.
   Bull. de l'Acad. 1861. Tom. III.

   Alae supra fuscae; anticae fascia dilutiore, punctis minimis submarginalibus tribus albis; posticae ocellis nigris quatuor, duobus maximis angulum analem versus albo-pupillatis.

   Alae subtus luteo-fuscae, strigis irregularibus duabus fuscis, dimidio basali lineisque marginalibus duabus luteis; alae anticae ocellis tribus nigris albo-pupillatis et luteo-bicinctis; fascia ante ocellos distinctius lutescente; posticae ocellis sex, primo, quarto et quinto minoribus. 45 m.

   Am nächsten der vorhergehenden Art verwandt, aber bedeutend kleiner und die Vorderflügel mehr zugespitzt.

   Die Oberseite graubraun, wie bei *L. Dejanira.* Die Vorderflügel mit einer verschossenen Binde, etwas heller als die Grundfarbe, welche Binde sich vom zweiten Drittel des Vorderrandes schräg gegen den Innenwinkel zieht. Ausserhalb dieser Binde in Zelle 3, 4 und 5 liegen drei weisse Punkte, welche zuweilen von schwarzen Ringen eingeschlossen sind.

   Die Hinterflügel mit 4 schwarzen Augenflecken, in Zelle 2—5, mit heller Einfassung, die beiden ersten, die grössten, mit weisser Pupille versehen.

   Die Grundfarbe der Unterseite ist um einen gelblichen Ton heller als die Oberseite. Die Vorderflügel haben zwei dunkle Streifen, der eine in der Mittelzelle, der andere am Schlusse derselben. Dann folgt die helle Binde der Oberseite, welche hier viel bestimmter und von gelblicher Farbe ist; hinter dieser Binde liegen, den weissen Punkten der Oberseite entsprechend, drei schwarze Augenflecke mit weisser Pupille und gelber Einfassung, welche abermals von graungelblichen Bogenlinien umschlossen werden; längs des Aussenrandes laufen noch zwei Linien von gelblicher Farbe.

   Die Hinterflügel haben zwei dunkle Querstreifen, der eine läuft durch die Mitte des Flügels, der andere liegt ausserhalb derselben, und zwischen beiden in Zelle 4 noch ein dritter kurzer. Vor dem Aussenrande liegen fünf Augen und ein sechstes am Vorderrande, ebenso gefärbt und umzogen, wie diejenigen der Vorderflügel; das am Innenwinkel gelegene Auge hat eine doppelte weisse Pupille, das 2-te, 3-te und 6-te sind die grössten. Längs des Aussenrandes laufen zwei gelbliche Linien, wie auf den Vorderflügeln.

   Am Ussuri, zwischen dem Noor und der Ema von Maack gefunden. Flugzeit: Juni und Juli.

91. **Lasiommata Epimenides.** Ménétr.
   Schrenck's Reise im Amur-Lande. II. Lepid. p. 39. Tab. III. Fig. 8. 9.
   Von Radde im Bureja-Gebirge, von Maack am Ussuri, oberhalb der Ema, gefunden. Flugzeit: Juli.

92. **Lasiommata Dejanira.** Linn.
   Hübn. Samml. europ. Schmett. Pap. fig. 170. 171.
   Im Juni und Juli von Radde im Bureja-Gebirge, von Maack am Ussuri, von seiner Mündung bis zur Ema, gefangen.

93. **Lasiommata Deidamia.** Eversm.
   Bull. de Mosc. 1851. II. p. 617.
   Herr.-Schäff. Pap. Europ. Tab. 126. fig. 609. 610.
   Var. ♀ *Menetriesii*. Brem. Beitr. zur Fauna des nördl. China's p. 8.
   Im Juni von Radde im Bureja-Gebirge gefangen.

94. **Satyrus Phaedra.** Linn.
   Hübn. Samml. europ. Schmett. Pap. fig. 127—129.
   Im Juli von Radde am Onon und im Bureja-Gebirge, von Maack oberhalb der Ema gefangen.

95. **Satyrus Autonoë.** Fabr.
   Herr.-Schäff. Pap. Europ. Tab. 28. Fig. 127 — 130.
   Radde fing diesen Falter am Baikal-See, in Dahurien und am Onon, Ende Juni bis Anfang August.

96. **Epinephele Eudora.** Esp.
   Hübn. Samml. europ. Schmett. Pap. fig. 160 et 163. 164.
   Von Radde am Baikal-See, in Dahurien und am Onon Ende Juni bis Anfang August, gefangen.

97. **Epinephele Hyperanthus.** Linn.
   Ochsenh. Schmett. v. Europ. I. 1. p. 225.
   Im Juli von Radde am Baikal-See, am Onon und im Bureja-Gebirge, von Maack am Ussuri oberhalb der Ema gefangen.

98. **Yphthima Baldus.** Fabr.
   Donov. Ins. of. India. Tab. 36. Fig. 2.
   Godt. Enc. M. IX. p. 554. s. 184.
   Im Juni und Juli von Radde im Bureja-Gebirge gefangen.

99. **Yphthima Amphithea.** Ménétr.
   Schrenck's Reise im Amur-Lande. II. Lepid. p. 41. Tab. III Fig. 10.
   Anfang Juli von Radde im Bureja-Gebirge gefangen.

100. **Coenonympha Oedipus.** Fabr.
   Ochsenh. Schmett. v. Europ. I. 1. p. 315.
   Zwei Varietäten des Weibes haben, auf der Unterseite, vor der Augenreihe eine deutliche weisse Binde.
   Im Juni und Juli am Onon, in Dahurien und im Bureja-Gebirge von Radde, am unteren Ussuri von Maack gefangen.

101. **Coenonympha Hero.** Linn.
Hübn. Samml. europ. Schmett. Pap. fig. 252. 253.
Var. *Perseis.* Kinderm.

Sowohl die Stammart als auch die Varietät erhielt die akademische Sammlung nebst Uebergängen durch Radde vom Baikal-See, aus Dahurien und vom Bureja-Gebirge, durch Maack vom untern Ussuri. Flugzeit: Ende Mai bis Ende Juni.

102. **Coenonympha Iphis.** W. V.
Hübn. Samml. europ. Schmett. Pap. fig. 249 — 251.

Im Juni und Juli im Apfelgebirge, in Dahurien, am Onon und im Bureja-Gebirge von Radde gefangen.

103. **Coenonympha Amaryllis.** Herbst.
Herr.-Schäff. Pap. Europ. Tab. 41. fig. 188. 189 et Tab. 60. fig. 287. 288.

Vom Baikal-See, aus Dahurien, von der Schilka, der Dseja und dem Bureja-Gebirge von Radde, vom unteren Ussuri von Maack gebracht. Flugzeit: Mai bis Juli.

104. **Amblypodia dispar.** Brem. — Tab. III. Fig. 4. ♂.
♂ *A. fusca.* Brem. Bull. de l'Acad. 1861. Tom. III.
♀ *Thecla fusca.* Brem. Beitr. zur Fauna d. nördl. Chinas et Catal. de la coll. entom. de l'Acad. de St.-Pétersb. Tab. IV. fig. 5

Alae anticae maris supra coerulescenti-violaceo-micantes, subtus fusco-grisene; maculis, fasciis lunulisque marginalibus fuscis, albido-annulatis. 32 m.

Da die Benennung *fusca* nur auf das Weib dieses Falters Bezug haben kann, so musste der Name geändert werden. Da wir jetzt beide Geschlechter vor uns haben, so sind wir auch im Stande, die Beschreibung des Mannes nachzuholen.

Das Männchen ist viel kleiner als das Weibchen, die Vorderflügel viel mehr zugespitzt. Die Oberseite aller Flügel bläulich violett glänzend; die Unterseite ist aber vollkommen gleich der des Weibes gefärbt und gezeichnet.

Im Juli im Bureja-Gebirge von Radde und am Ussuri, bei Chara und oberhalb Kadagon, von Maack gefunden.

105. **Thecla Attilia.** Brem. — Tab. II. Fig. 3.
Bull de l'Acad. 1861. Tom. III.

Alae supra fuscae ciliis albis, apicem anticorum versus fuscis; alae posticae caudatae.

Alae subtus coerulescenti-albae; anticae macula discoidali, fascia transversa, fasciis submarginalibus interruptis duabus (interiore obsoleta) lineaque ante cilia nigris.

Alae posticae fascia media recta (angulum analem versus angulum acutum formante) fascia interrupta submarginali lineaque ante cilia nigris, maculis duabus anguli ani fulvis, nigro-notatis. 30 m.

Die Vorderflügel sind am Aussenrande sehr abgestumpft, wie bei einigen *Amblypodien;* die Oberseite bräunlich, bei gewisser Beleuchtung ins Grauliche schillernd; die Fransen weiss.

Auf den Vorderflügeln ein dunkler Mittelfleck und dahinter ein solcher Streifen, von der Unterseite her durchscheinend. Die Unterseite der Flügel ist weiss, etwas ins Bläuliche ziehend. Die Vorderflügel haben in der Mitte einen länglich viereckigen, schwarzen Fleck, dahinter eine solche sanft gebogene Binde, dann folgt, parallel mit dem Aussenrande, erst ein verloschener, dann ein deutlicher, durch die weissen Adern getrennter, schwarzer Streifen, welche beide letztern auch auf den Hinterflügeln vorhanden sind. Nicht weit von der schwarzen Saumlinie bemerkt man noch einen, besonders auf den Hinterflügeln, verloschenen, gemeinschaftlichen schwärzlichen Strich. Durch die Mitte der Hinterflügel läuft eine gerade, schwarze Binde, welche nahe dem Innenwinkel einen spitzen Winkel bildet und, schmäler werdend, sich bis zur Mitte des Innenrandes fortsetzt.

In Zelle 2 liegt, vor dem kleinen Schwänzchen, ein undeutlicher orangefarbiger Fleck und ein zweiter, grösserer, gegen die Flügelwurzel spitz zulaufender, welcher nach aussen breit schwarz begrenzt ist, liegt am Innenwinkel.

Am 1. Juli, von Radde, im Bureja-Gebirge entdeckt.

106. **Thecla smaragdina.** Brem. — Tab. III. Fig. 5.
Bull. de l'Acad. 1861. Tom. III.

Alae supra viridi-micantes ciliis albis; anticae margine posteriore nigro; posticae caudatae, late nigro-fusco-marginatae.

Alae subtus canae striga discoidali abbreviata fusca albo-marginata, striga transversa alba, fusco-marginata fasciaque submarginali fusca. Alae posticae striga discoidali obsolete fusca albo-marginata, striga transversa alba antice fusco-marginata, apud angulum ani literae W. instar obtuse angulata; lunulis marginalibus albis biserialis; macula anguli ani fulva nigro-marginata ocellosque fulvo nigro-pupillato. 35—37 m.

Mit *Th. Sylva* Koll. zu einer Gruppe gehörig, doch auf der Unterseite durch Färbung sowohl als durch Zeichnung hinlänglich verschieden, was in unserer Diagnose ausführlich genug hervorgehoben ist.

Schon Herr Dr. L. v. Schrenck brachte ein Exemplar dieses brillanten Thieres vom mittleren Amur, welches aber leider zu abgeflogen war, als dass eine Beschreibung hätte entworfen werden können. Jetzt liegt uns ein brauchbares Pärchen vor, und zwar ist der Mann von Radde an der Ussuri-Mündung, das Weib von Maack oberhalb der Ema, im Juli, gefangen worden.

107. **Thecla Arata.** Brem. — Tab. III. Fig. 6.
Bull. de l'Acad. 1861. Tom. III.

Alae supra aut violaceo- aut argenteo-coeruleo-micantes, marginem posteriorem versus obscuriores; posticae caudatae angulo anali subrotundato nigro et fulvo.

Alae subtus albae, anticarum dimidio basali, posticarum dimidio interiore nigricantibus. Alae omnes macula discoidali elongata, fascia transversa, fascia submarginali marginequae posteriore nigricantibus; posticae plaga magna fulva, prope angulum analem maculas nigras quatuor includente, angulo ani subrotundato nigro. 32 m.

Diese Art hat gleichfalls nur unter den Exoten ihre nächsten Verwandten und gehört in eine Gruppe mit *Th. Battus* Cram. und *Th. Phaleros* Linn. Wir glauben durch obige Diagnose dieses Thierchen vollkommen genug charakterisirt zu haben, um jede Verwechselung mit bekannten vorzubeugen.

Im Monat Juni im Bureja-Gebirge von Radde und am Ussuri, zwischen seiner Mündung und dem Noor, von Maack gefangen.

108. **Thecla Taxila.** Brem. — Tab. III. Fig. 7.
Bull. de l'Acad. 1861. Tom. III.

Alae supra fuscae ciliis albicantibus; posticae bicaudatae, cauda exteriore minutissima.

Alae subtus fulvescenti-canae; anticae striga transversa alba basim versus fusco-marginata maculisque obsoletis marginalibus fulvis; posticae striga transversa alba, antice fuscomarginata, lunulis marginalibus lineaque marginali albis; macula elongata marginis interioris (prope angulum analem) maculaque in cellula 2 punctum nigrum includente, fulvis, punctoque anguli ani nigro. 37 m.

Der *Th. Lyncaeus* ähnlich, auf der Oberseite aber dunkler, mit weissen Fransen und ohne die gelben Flecke am Innenwinkel der Hinterflügel; die Rippe 3 in Form eines zweiten kurzen Schwänzchens vorspringend.

Die Unterseite ist wie bei *Th. Lyncaeus* gefärbt, die Querbinde über beide Flügel ist aber ganz gerade. Am Innenwinkel der Hinterflügel erstreckt sich über dem schwarzen Flecke ein gelbrother Wisch längs des Innenrandes, mit diesem durch einen Strich von gleicher Farbe verbunden; in Zelle 2 liegt ein anderer gelbrother, schwarzgekernter Fleck; längs des Aussenrandes zieht sich eine Reihe weisslicher Halbmonde hin.

Im Juli, oberhalb der Ema-Mündung von Maack gefangen.

109. **Thecla betulae.** Linn.
Hübn. Samml. europ. Schmett. Pap. fig. 383. 384.

Im Juli an der Ussuri-Mündung von Radde gefangen.

110. **Thecla pruni.** Linn.
Hübn. Samml. europ. Schmett. Pap. fig. 386. 387.

Im Juni am unteren Ussuri von Maack gefangen.

111. **Thecla W-album.** Ochsenh.
Schmett. v. Europ. I. 2. p. 111.
Hübn. Samml. europ. Schmett. Pap. fig. 380. 381.

Im Juli, an der Ussuri-Mündung von Radde gefangen.

112. **Thecla rubi.** Linn.
Hübn. Samml. europ. Schmett. Pap. fig. 364. 365 et 786.

Im Juli, am Onon, von Radde gefangen.

113. **Thecla Frivaldskyi.** Kinderm.
　　Lederer, Beitr. zur Schmett. Fauna des Altai-Geb. Verhandl. des zool.-botan. Vereins in
　　Wien. 1853. V. p. 100. Tab. I. fig. 1.
　Im Mai und Juni, im Bureja-Gebirge, von Radde gefangen.

114. **Lycaena Amyntas.** W. V.
　　Hübn. Samml. europ. Schmett. Pap. fig. 322. 324.
　Von Mai bis Juli, in Dahurien, an der Schilka und im Bureja-Gebirge von Radde gefangen.

115. **Lycaena Argiolus.** Linn.
　　Ochsenh. Schmett. v. Europ. I. 2. p. 17.
　Im Juni bis Mitte Juli, an der Schilka, im Bureja-Gebirge von Radde, am Ussuri bis oberhalb der Ema von Maack gefangen.
　In St. Petersburg fliegt diese *Lycaena* Ende April und Anfang Mai.

116. **Lycaena Arion.** Linn.
　　Hübn. Samml. europ. Schmett. Pap. fig. 254—256.
　Im Juli fing Radde ein einziges, aber sehr grosses, Exemplar im Bureja-Gebirge.

117. **Lycaena Euphemus.** Ochsenh.
　　Hübn. Samml. europ. Schmett. Pap. fig. 257—259.
　Im Juni und Juli, in Dahurien, am Onon und im Bureja-Gebirge von Radde gefangen.

118. **Lycaena Cyllarus.** Fabr.
　　Ochsenh. Schmett. v. Europ. I. 2. p. 12
　　Damoetas. W. V. Hübn. Samml. europ. Schmett. Pap. fig. 266—268.
　Im Juni und Juli von Radde am Onon, an der Schilka und im Bureja-Gebirge, von Maack am unteren Ussuri gefangen.

119. **Lycaena Alsus.** W. V.
　　Ochsenh. Schmett. v. Europ. I. 2. p. 22.
　　Hübn. Samml. europ. Schmett. Pap. fig. 278. 279.
　In Dahurien und im Bureja-Gebirge im Juni und Juli von Radde gefangen.

120. **Lycaena Acis.** W. V.
　　Ochsenh. Schmett. v. Europ. I. 2. p. 14.
　An der Nordseite des Baikal-Sees und im Bureja-Gebirge von Radde, am unteren Ussuri von Maack, im Juni, gefangen.

121. **Lycaena Pheretiades.** Eversm.
　　Bull. de Mosc. 1843. p. 536. Tab. 7. fig. 5. a. b.
　Am Baikal-See und in Dahurien, im Juni und Juli von Radde gefangen.

122. **Lycaena Icarius.** Esp.
　　Ochsenh. Schmett. v. Europ. I. 2. p. 37.

Glänzender als die europäischen Exemplare und zuweilen mit einem grünlichen Anfluge, sonst in nichts von denselben unterschieden.

Am Baikal-See und im Bureja-Gebirge von Radde, am unteren Ussuri von Maack gefangen. Flugzeit: Juni und Juli.

123. Lycaena Eros. Ochsenh.
Schmett. v. Europ. I. 2. p. 42.
Herr.-Schäff. Pap. Europ. Tab. 46. fig. 212. 213.

Die uns vorliegenden Exemplare bestätigen die Meinung des Herrn Lederer, in Verhandl. des zool.-botan. Vereins in Wien. 1853. p. 355, dass *L. Eros* und *L. Boisduvalii* wohl eins sein möchten. Was von Kasan aus als *L. Boisduvalii* versandt wird, gehört keineswegs hierher, sondern ist eine Varietät von *L. Alexis*.

Am Baikal-See, in Dahurien und im Bureja-Gebirge von Radde im Juni und Juli gefangen.

124. Lycaena Alexis. W. V.
Hübn. Samml. europ. Schmett. Pap. fig. 292—294.

Ein einziges, aber sehr grosses und brillant gefärbtes Exemplar wurde von Maack am unteren Ussuri, im Juni, gefangen.

125. Lycaena Agestis. W. V.
Hübn. Samml. europ. Schmett. Pap. fig. 303—306.

Im Bureja-Gebirge und an der Ussuri-Mündung von Radde, am unteren Ussuri von Maack, im Juni und Juli, gefangen.

126. Lycaena Argus. Linn.
Hübn. Samml. europ. Schmett. Pap. fig. 316—318.

Sehr grosse und schöne Exemplare wurden am Baikal-See, in Dahurien, an der Dseja und im Bureja-Gebirge von Radde gefangen.

127. Lycaena Aegon. W. V.
Hübn. Samml. europ. Schmett. Pap. fig. 113—115.

Von Radde am Baikal-See, im Juni, gefangen.

128. Lycaena Aegonides. Brem. — Tab. III. Fig. 8.
L. Cleobis. Brem. Bull. de l'Acad. 1861. Tom. III.

Alae supra canescenti-coerulae albo-ciliatae margine late nigro, nervis nigris; apud feminam fuscae albo-ciliatae, canescenti-coeruleo-atomosae.

Alae subtus aut coerulescenti- aut fuscescenti-canae, anticae lunula media punctisque serici externae nigris, albo-cinctis; punctis serici duplicis marginalis nigris; lunulis marginalibus fulvis; posticae punctis basalibus quatuor, lunula media, punctis serici externae sericique duplicis marginalis, fasciam fulvam includentis, nigris; punctis serici marginalis saepe viridimicantibus. 32—35 m.

Diese Art ist mit *L. Argus* zu vergleichen, doch bedeutend grösser, das Blau der Oberseite der Flügel mehr ins Graue übergehend, wie bei *L. Icarius;* die Adern sind gleich von der Wurzel an schwarz, der schwarze Rand ist noch breiter als bei *L. Argus* und erstreckt sich oft bis über die Mitte des Flügels. Das braune Weibchen ist schwach bläulich bestaubt, besonders an der Wurzel der Flügel; die Fransen sind bei beiden Geschlechtern rein weiss.

Die Unterseite beider Geschlechter wie bei *L. Argus*, die Randflecke der Hinterflügel sind zuweilen grün bestaubt, zuweilen auch rein schwarz.

Am Baikal-See, in Dahurien und im Bureja-Gebirge von Radde, am unteren Ussuri von Maack in Mehrzahl gefangen.

Der frühere Namen *Cleobis* musste geändert werden, da derselbe bereits von Esper vergeben worden ist.

129. **Lycaena Diodorus.** Brem. — Tab. I. Fig. 10.

Bull. de l'Acad. 1861. Tom. III.

Alae supra fuscae violaceo-micantes.

Alae anticae lunula media, punctis seriei externae nigris; posticae lunula media, maculis externis parvis longitudinalibus punctisque marginalibus obsoletis nigris.

Alae subtus fuscescenti-griseae; anticae lunula media, puncto basali punctisque seriei externae magnis nigris albo-marginatis, serieque lunularum nigrarum ad marginem posteriorem; posticae punctis basalibus duobus, lunula media, punctis duobus ad marginem anteriorem punctisque seriei externae nigris albo-cinctis, lunulisque marginalibus, ante seriem marginalem punctorum, nigris. 25 m.

Die Oberseite der Flügel ist braun, mit violettem Schiller. Die Vorderflügel haben am Schlusse der Mittelzelle einen schwarzen Fleck, dahinter in Zelle 2, 3 und 4 drei kleinere, runde und weiter nach dem Rande zu, in Zelle 1b, noch einen vierten unbestimmten solchen Fleck.

Die Hinterflügel haben am Schlusse der Mittelzelle gleichfalls einen schwarzen Fleck, dann folgen in Zelle 2, 3, 4 (in dieser ein doppelter Fleck, der eine hinter dem anderen) und endlich vor den Fransen eine Reihe undeutlicher schwarzer Flecke.

Die Unterseite der Flügel ist graubraun, die Flecke der Vorderflügel sind besonders gross und dunkel, mit weisser Einfassung, der erste in der Mitte der Mittelzelle, der zweite am Schlusse derselben gelegen; dann folgt in einem sanft geschwungenen Bogen eine Reihe von sechs und endlich vor dem Aussenrande und parallel mit diesem, eine Reihe blasserer Flecke.

Die Hinterflügel mit zwei Flecken gegen die Flügelwurzel, darunter ein dritter, sehr kleiner; dann folgt der längliche Mittelfleck, darüber zwei (der eine über dem anderen) am Vorderrande gegen den Aussenwinkel und endlich die gewöhnliche geschwungene Fleckenreihe.

Alle diese Flecke sind ebenfalls ungewöhnlich gross, mit breiter, weisser Einfassung, so dass diejenigen der äusseren Reihe in einer weissen Binde zu liegen scheinen. Längs des Aussenrandes sieht sich noch eine Reihe weisslicher, schwarz gekernter Flecke hin, welche nach innen durch dunkle Halbmonde eingefasst sind.

Ein Exemplar dieser, ganz besonders ausgezeichneten, Art wurde von Radde am Baikal-See, Ende Juni, aufgefunden.

130. **Lycaena Eiton.** Brem. — Tab. III. Fig. 9.

Bull. de l'Acad. 1861. Tom. III.

Alae supra in utroque sexu fuscae viridi-nitenti-atomosae ciliis albis; posticae lunulis marginalibus fulvis.

Alae subtus fuscescenti-griseae, lunula media, punctis serici externae sericique marginalis duplicis nigris, albo-cinctis; — posticae basi viridi-nitenti, punctis marginalibus duobus, lunula media, punctis serici externae nigris albo-cinctis; lunulis marginalibus fulvis, basim versus nigro- et albo-marginatis, seriegue punctorum ante cilia nitidissime viridium. Mas. 32. fem. 29. m.

Die Oberseite der Flügel ist ähnlich der von *L. Donselii*, doch ist die grüne Bestäubung spärlicher, aber glänzender grün und verbreitet sich über die ganze Oberfläche der Flügel; die gelben Randflecke der Hinterflügel zeichnen unsere Species besonders aus, doch sind diese Flecke zuweilen auch rein schwarz, durch grüne Ringe eingefasst. Auf der Unterseite sind die runden Randflecke der Hinterflügel smaragd-grün glänzend, diejenigen des Weibchens ganz schwarz.

Von Radde in Dahurien und von Maack zwischen der Ussuri-Mündung und dem Noor im Monat Juni gefangen.

131. **Lycaena Battus.** Fabr.

Hübn. Samml. europ. Schmett. Pap. fig. 328—330.

Am Onon und im Bureja-Gebirge von Radde, im Juni und Juli, gefangen.

132. **Chrysophanus Phlaeas.** Linn.

Hübn. Samml. europ. Schmett. Pap. fig. 362. 363.

Ein Exemplar wurde von Maack am unteren Ussuri in der letzten Hälfte des Juni gefangen.

133. **Chrysophanus virgaureae.** Linn.

Hübn. Samml. europ. Schmett. Pap. fig. 349—351 et 884—887.

An der Nordseite des Baikal-Sees und im Apfelgebirge von Radde im Juni und Juli gefangen.

134. **Chrysophanus Helle.** Fabr.

Hübn. Samml. europ. Schmett. Pap. fig. 331—333.

Am Baikal-See und am Onon von Radde im Juni und Juli gefangen.

135. **Pyrgus cynarae.** Boisd.

Herr.-Schäff. Pap. Europ. I. p. 155. Hesp. Tab I. fig. 4. 5 et Tab II. fig. 6. 7.

In Dahurien und am Onon, im Juli, von Radde gefangen.

146. **Pyrgus serratulae.** Ramb.
   Faun. de l'Andalus. Tab. 8. Fig. 9.
   Herr.-Schäff. Pap. Europ. I. p. 156. Hesp. Tab. IV. fig. 18—20.
   Am Baikal-See und im Bureja-Gebirge, im Juli, von Radde gefangen.
147. **Pyrgus alveolus.** Ochsenh.
   Schmett. v Europ. I. 2 p. 208 et IV. p. 34.
   Im Bureja-Gebirge, im Juni und Juli, von Radde gefangen.
148. **Pyrgus maculatus.** Brem.
   Beitr. zur Fauna des nördl. China's et Catal. de la collect. entom. de l'Acad. descript. Tab. V. fig. 5.

Die citirte Abbildung ist in der Färbung der Unterseite der Flügel verfehlt, indem die Spitze der Vorderflügel sowohl, als die dunkelen Binden und Schatten der Hinterflügel, bei frischen Exemplaren, rothbraun gefärbt sind.

Im Bureja-Gebirge im Monat Juni und Juli von Radde gefangen.

149. **Pyrgus orbifer.** Hubn.
   Samml. europ. Schmett. Pap. fig. 803—806.
   Boisd. Icon. Hist. Tab. 37. fig. 1. 2.

Auf der Oberseite haben die Flügel einen starken violetten Anflug.
Im Bureja-Gebirge von Radde, im Juni, gefangen.

140. **Pyrgus Inachus.** Ménétr.
   Schrenck's Reise im Amur-Lande II. Lepid. p. 46. Tab. V. fig. 2.

Auch diese Abbildung ist verfehlt. Auf der Oberseite haben die Flügel einen violetten Anflug; ein kleiner weisser Punkt in der Mitte der Vorderflügel und eine dahinter liegende Reihe solcher Punkte zeichnen sich deutlich ab. Auf der Unterseite sind die Punktreihen, auf beiden Flügeln, ebenfalls deutlich sichtbar und nicht verloschen wie bei der citirten Abbildung; die Adern auf den Hinterflügeln sind hellgelblich.

Am Ussuri, zwischen dem Noor und der Ema, im Juni und Juli, von Maack gefangen.

141. **Pyrgus? Tethys.** Ménétr.
   Catal. de la coll. entom. de l'Acad. descript. p. 126. Tab. X. fig. 8.
   Im Bureja-Gebirge, im Juni, von Radde gefangen.

142. **Pyrgus montanus.** Brem. — Tab. II. Fig. 4.
   Bull. de l'Acad. 1861. Tom. III.

Alae anticae supra grisescenti-olivaceae, macula basali, fasciis duabus obliquis (interiore saepe interrupta et obsoleta, exteriore sinuato-dentata) lunulisque marginalibus, seriatim dispositis, olivaceo-fuscis; punctis marginis anterioris tribus albidis; posticae nigro-fuscae lunula vel striga media, maculis scirii externae flexuosae sericique marginalis flavis.

Alae anticae subtus nigro-fuscae, seriebus macularum flavarum tribus; posticae subtus sicut supra. 34—37 m.

Dem nordamerikanischen *P. Brizo* sehr nahe stehend, doch sind die Binden auf der Oberseite der Vorderflügel anders geformt und laufen schräger; die ganze Färbung ist mehr olivenbraun; die weissen Punkte am Vorderrande, zu Anfang der äusseren Binde gelegen, fehlen bei *P. Brizo*. Auf den Hinterflügeln sind die gelben Flecke bei weitem grösser und deutlicher.

Die Oberseite der Vorderflügel variirt darin, dass die grauen und olivenbraunen Binden mehr oder weniger deutlich hervortreten oder getrennt sind; bei sehr deutlich gezeichneten Exemplaren erscheint die Flügelwurzel stets dunkel, durch die Mitte des Flügels läuft eine bräunliche Binde und eine andere ausserhalb der Mitte, welche aussen gezackt ist und bei einigen Exemplaren gelbliche Flecke einschliesst; am Vorderrande beginnt diese Binde aber immer mit einem bis drei kleinen weisslichen Flecken. Der Aussenrand ist gewöhnlich grau angeflogen, mit einer Reihe dunkler Flecke, parallel mit demselben. Doch verwaschen sich diese Zeichnungen oft so sehr, dass kaum eine deutliche Umgrenzung derselben zu erkennen ist.

Die schwarzbraunen Hinterflügel führen einen länglichen gelben Fleck in der Mitte, ausserhalb desselben erst eine gebogene Reihe grösserer gelber, dann vor dem Aussenrande und parallel mit diesem, eine zweite Reihe kleinerer gelber Flecke.

Radde entdeckte dieses Thier im Bureja-Gebirge.

143. **Nisoniades Tages.** Linn.

Hübn. Samml. europ. Schmett. Pap. fig. 456. 457.

An der Schilka und am Amur, in den Monaten Mai und Juni von Radde gefangen.

144. **Cyclopides Paniscus.** Esp.

Ochsenh. Schmett. v. Europ. I. 2. p. 219.

Im Bureja-Gebirge, vom Mai bis Juli, von Radde gefangen.

145. **Cyclopides Sylvius.** Knoch.

Hübn. Samml. europ. Schmett. Pap. fig. 477. 478.

An der Schilka und im Bureja-Gebirge von Radde, am unterer Ussuri von Maack, im Mai und Juni, gefangen.

146. **Cyclopides argyrostigma.** Eversm.

Bull. de Mosc. 1851. I. p. 624. Tab. 12. fig. 1. 2.

Am Onon, im Juli, von Radde gefangen.

147. **Cyclopides steropes.** W. V.

Hübn. Samml. europ. Schmett. Pap. fig. 473 — 475.

Aracynthus. Fabr.

An der Schilka, der Dseja, im Bureja-Gebirge und an der Ussuri-Mündung von Radde, am Ussuri von der Ema bis zum Kengka-See von Maack gefangen. Flugzeit: Juni bis August.

148. **Cyclopides ornatus.** Brem. — Tab. II. fig. 5.
Bull. de l'Acad. 1861. Tom. III.
Alae supra nigro-fuscae ciliis ochraceo-griseis.

Alae anticae subtus nigrae margine anteriore, apice margineque posteriore ochraceis; posticae ochraceae striga recta argentea a basi ad marginem posteriorem ducta; margine interiore saepe argentro-micanti. 27—30 m.

Auf der Oberseite dem *C. unicolor.* Brem. Catal. de la coll. entom. de l'Acad. Descript. Tab. V. fig. 6 völlig gleich; auf der Unterseite sind aber die gelben Ränder der Vorderflügel breiter und bestimmter, die Hinterflügel mehr rostgelb. Von der Flügelwurzel bis zur Mitte des Aussenrandes läuft ein ziemlich breiter, silberglänzender Streifen, welcher dem *C. unicolor* ganz fehlt; auch haben einige Exemplare längs des Innenrandes noch einen schwachen silberglänzenden Anflug.

Im Bureja-Gebirge von Radde entdeckt. Flugzeit: Mai und Juni.

149. **Pamphila Sylvanus.** Fabr.
Hübn. Samml. europ. Schmett. Pap. fig. 482—484.

Die vorliegenden Männer sind im Ganzen heller gefärbt als die europäischen Exemplare, doch finden sich in denselben Localitäten auch viel kleinere und dunkler gefärbte Exemplare, welche aber nicht von *P. Sylvanus* zu trennen sind.

In Dahurien und im Bureja-Gebirge von Radde, am unteren Ussuri von Maack, im Juni und Juli, gefangen.

150. **Pamphila lineola.** Ochsenh.
Schmett. v. Europ. I. 2. p. 230.

Nur ein Exemplar wurde von Maack oberhalb der Ema im Juli gefangen.

151. **Pamphila ochracea.** Brem. — Tab. I. Fig. 11.
Bull. de l'Acad. 1861. Tom. III.

Alae supra ochraceae nervis nigris.

Alae anticae margine posteriore late fusco vittaque transversa fusca a margine anteriore ad marginem interiorem ducta; alae posticae late fusco-marginatae.

Alae subtus sicut supra, sed dilutiores. 25 m.

Diese Art ist kleinen Exemplaren von *P. Sylvanus* vergleichbar, doch ist der Aussenrand der Vorderflügel tiefer braun und nach innen scharf begrenzt; der schräge schwarze Wisch in der Mitte des Flügels ist ungefähr wie bei *P. Sylvanus*, doch berührt dieser Wisch an der Spitze einen zweiten, welcher vom Schlusse der Mittelzelle aus mit der Spitze gegen den Aussenrand gekehrt ist; die Adern sind schwarz.

Alle Ränder der Hinterflügel sind breit schwarz, so dass nur ein grosser ockergelber Fleck in der Mitte nachbleibt, welcher von den schwarzen Adern durchzogen ist.

An der Ussuri-Mündung, Mitte Juli, von Radde gefangen. — Durch ein Versehen wurde die Entdeckung dieses Thieres, bei unserer ersten Bekanntmachung, Herrn Maack zugeschrieben.

152. **Pamphila sylvatica.** Brem. — Tab. III. Fig. 10.
   Bull. de l'Acad. 1861. Tom. III.

Alae supra ochraceae late fusco-marginatae, nervis fuscis; anticae macula media fusca.

Alae subtus ochraceae nervis fuscis, ad basim fuscescentes; anticae macula obsoleta apud angulum interiorem fuscescenti. 26 m.

Diese Species ist dem Weibe von *P. Actaeon* sehr ähnlich, die Antennen sind aber viel länger, das Gelb auf allen Flügeln ist mehr ausgebreitet und von schwarzen Adern durchzogen. Auch auf der Unterseite sind alle Flügel schwarz geadert, was bei *P. Actaeon* nicht der Fall ist.

Am Ussuri von Maack gefangen.

HETEROCERA.

153. **Smerinthus Maackii.** Brem. — Tab. III. Fig. 11.
   Bull. de l'Acad. 1861. Tom. III.

Thorax supra olivaceo-canus, vitta dorsali fusco-olivacea abdomen versus latiore; thorax palpique subtus ochracei.

Abdomen supra olivaceo-cinereum, dilutius cingulatum; subtus ochraceum cingulis canis. Alae eroso-dentatae.

Alae anticae supra olivaceo-cinereae fasciis strigisque transversis obscurioribus, prope angulum internum macula biloba fusca umbraque apud marginem externum fusco-olivacea. Alae posticae ochraceae margine interiore grisescenti, ad angulum oni fascia abbreviata fusca.

Alae anticae subtus ochraceae fasciis duabus canis fusco-marginatis, aream pallido-canam percurrentibus; posticae ochraceae strigis fuscis tribus. 87 m.

Diese neue Art gehört zu derjenigen Gruppe des Genus *Smerinthus*, deren Repräsentant in Europa *Sm. Quercus* ist.

Etwas kleiner als *S. Quercus*, der Körper grau, ins Olivenfarbige ziehend; vom Kopfe bis über die Mitte des Thorax läuft ein dunkler Streifen; das erste und zweite Glied des Abdomen dunkler als die übrigen; das Ende jedes Gliedes ist weisslich gerandet.

Die Form der Flügel wie bei *S. Quercus*, nur nicht ganz so stark gezahnt. Vorderflügel grau ins Olivenbräunliche ziehend, nahe der Wurzel ein kurzer, dunkler Querstreifen, dann eine dunkle Binde wie bei *S. Quercus*, beiderseits durch einen dunklen Streif begrenzt, während diese Binde bei *S. Quercus* sich nach innen ziemlich unbestimmt verliert. In der Mitte des Vorderrandes beginnt ein helles Feld, welches, in eine Spitze auslaufend, bis zur Hälfte der Breite des Flügels sich erstreckt und nicht bis zum Innenrande sich hinzieht, wie bei der zum Vergleich angeführten Species; ausserhalb dieses Feldes ziehen sich noch zwei dunkle und zwei helle Bänder über die Flügel hin. Vor dem Aussenrande ist die Zeichnung wie bei *S. Quercus*, die Färbung aber viel dunkler, der Fleck und Streifen am Innenwinkel sind zusammenhängend, dunkler und breiter als bei *S. Quercus*. Die Hinterflügel sind ockergelb, gegen den Innenrand ins Graue übergehend, der Streifen am Innenwinkel ist viel breiter und länger als bei *S. Quercus*.

Dieser schöne *Smerinthus* muss mit *Sm. indicus* Boisd., beschrieben von Walker, Catal. VIII. p. 254, einige Aehnlichkeit in der Zeichnung haben, aber nicht in der Farbe. Die hoch ockergelben Hinterflügel zeichnen unsere Species besonders aus.

Am Ussuri, zwischen den Mündungen des Noor und der Ema, von Maack entdeckt.

154. **Smerinthus dissimilis.** Brem. — Tab. III. Fig. 12.

Triptogon dissimilis. Brem. Bull. de l'Acad. 1861. Tom. III.

Corpus fuscum subtus dilutius; striga dorsali a fronte ad apicem ani ducta nigra; abdominis segmentis margine postico dilutioribus; antennae griseescentes, palpi ferruginei.

Alae dentatae, magis minusve olivaceo-suffusae.

Alae anticae supra apud marginem anteriorem plaga magna subtriangulari obscuriore; nigro-et albo-cincta; apicis dimidio anteriore cano, dimidio posteriore fusco; area externa obscurius et dilutius olivaceo-nubilosa; macula in medio marginis interioris alteraque prope angulum internum fuscis; — alae posticae fuscae area basali strigisque dentatis duabus obscurioribus.

Alae anticae subtus grisco-brunneae strigis transversis obscuris quatuor, exteriore dentato-sinuata, ab apice ad angulum internum ducta; — posticae area basali ferrugineo-brunnea, strigis transversis dentatis tribus. 98 m.

Der Form nach *Sm. Dyras* Walk. Catal. VIII. p. 250 am nächsten stehend, doch sind die Antennen kürzer und nicht so stark gekämmt als bei diesem, die Hinterflügel runder und nicht so stark gezahnt.

Schwärzlich braun ins Olivenfarbige spielend; von den Palpen bis zur Spitze des Abdomen läuft ein schwarzer Streifen; die einzelnen Glieder des Abdomen an den Seiten graulich eingefasst. Auf den Vorderflügeln zeichnet sich ein grosser schwarzbrauner, fast dreieckiger Fleck, durch die weissliche Einfassung grell hervortretend, besonders aus. Die Basis dieses Flecks ist etwas eingebuchtet und liegt schräg der Flügelwurzel zugekehrt, die eine lange Seite bildet der Vorderrand, die andere ein weisslicher Streifen, welcher am Vorderrande mit einer Rundung beginnend, sich schräg gegen die Mitte des Innenrandes zieht und hier einen zweiten kleineren dunklen Fleck begrenzt. Die Flügelspitze ist hell und dunkel getheilt, ähnlich wie bei scharf gezeichneten Exemplaren von *S. ocellatus*. Die Hinterflügel sind von der Wurzel bis zum ersten Drittel am dunkelsten, dann folgen zwei aussen gezackte, dunkele Binden, die eine in der Mitte des Flügels, die andere ausserhalb derselben verlaufend.

Am unteren Ussuri von Maack, im Juni, gefangen.

155. **Macroglossa affinis.** Brem. — Tab. III. Fig. 13.

Bull. de l'Acad. 1863. Tom. III.

Thorax olivaceo-viridis, vittis lateralibus flavis; abdominis segmenta duo anteriora olivaceo-viridia, duo sequentia atra, ultima olivaceo-viridia fasciculis lateralibus flavis fasciculoque apicali nigro, medio flavescenti.

Alae hyalinae; anticae basi, margine posteriore lato et margine anteriore tenui nigris; — posticae margine interiore lato, vittam hyalinam includente, posteriore tenui nigris. 43 m.

Diese Species steht der nordamerikanischen *Macr. diffinis* Boisd. am nächsten, doch fehlen die braunen Flecke an der Spitze der Vorderflügel und dann hat unsere Species noch einen durchsichtigen Streifen oder Wisch in dem breiten schwarzen Innenrande der Hinterflügel, welcher allen bekannten *Macroglossen* fehlt.

Von Maack am unteren Ussuri, in der zweiten Hälfte des Juni gefunden.

156. **Thyris fenestrina.** W. V.

Ochsenh. Schmett. v. Europ. II. p. 115.

An der Schilka und im Bureja-Gebirge von Radde im Mai, am unteren Ussuri von Maack, im Juni, gefangen.

157. **Sesia spheciformis.** Esp.

Hübn. Samml. europ. Schmett. Sphing. fig. 77.

Im Bureja-Gebirge, im Juni, von Radde gefangen.

158. **Euchromia octomaculata.** Drem. — Tab. IV. Fig. 1.

Bull. de l'Acad. 1864. Tom. III.

Caput, antennae pectinatae et thorax coeruleo-micantes; abdomen nigrum apice cingulisque coeruleo-micantibus.

Alae anticae supra nigro-fuscae, maculis elongatis duabus ad basim maculisque subquadratis duabus marginem exteriorem versus flavescentibus, maculaque minuta basali coeruleomicanti; alae posticae hyalinae nigro-marginatae. 19 m.

Der Kopf, die stark gekämmten Antennen, so wie auch der Thorax sind glänzend blau; das schwarze Abdomen mit einem blau glänzenden Ringe am Ende jedes Gliedes.

Die braunen Vorderflügel mit 4 gelblichweissen Flecken: der erste sehr längliche zieht sich längs des Vorderrandes von der Flügelwurzel fast bis zur Hälfte des Flügels hin, darunter liegt ein halb so langer, breiterer; die beiden anderen fast viereckigen liegen vor dem Aussenrande, der eine gegen die Spitze des Flügels, der andere gegen den Innenwinkel zu. Die Hinterflügel durchsichtig, mit schmalen schwarzen Rändern.

Im Bureja-Gebirge von Radde, gegen Ende Juli, gefangen.

159. **Zygaena peucedani.** Esp.

Hübn. Samml. europ. Schmett. Sphing. fig. 75. 76.

Im Bureja-Gebirge von Radde, am Sungatscha von Maack im Juli gefangen.

160. **Syntomis Thelebus.** Fabr.

Ent. Syst. III. p. 394 n. 10.

Im Bureja-Gebirge von Radde, im Juli, gefangen.

161. **Procris pruni.** Esp.

Hübn. Samml. europ. Schmett. Sphing. fig. 4.

Am unteren Ussuri, im Juni, von Maack gefangen.

162. **Emydia grammica.** Linn.
   Hübn. Samml. europ. Schmett. Bomb. fig. 122. 123.
   In Dahurien, im Juli, von Radde gefangen.
163. **Emydia funerea.** Eversm.
   Bull. de Mosc. 1847. II. p. 77. Tab. V. Fig. 5.
   An der Wurzel der Vorderflügel liegt ein kleiner gelber Fleck, welchen Eversmann nicht erwähnt.
   Am Onon, im Juli, von Radde gefangen.
164. **Lithosia quadra.** Linn.
   Hübn. Samml. europ. Schmett. Bomb. fig. 2—4.
   Im Bureja-Gebirge, im Juli, von Radde, gefangen.
165. **Lithosia griseola.** Hübn.
   Samml. europ. Schmett. Bomb. fig. 97.
   Im Bureja-Gebirge von Radde, am Ussuri, oberhalb der Ema, von Maack, im Juli, gefangen. Eine Varietät hat die Vorderflügel mit gelblichem Anfluge.
166. **Lithosia ochraceola.** Brem. — Tab. V. Fig. 2.
   Corpus ochraceum; antennae griseae basi ochraceae, thorax subtus griseus.
   Alae anticae supra ochraceae; posticae nigricantes ciliis ochraceis.
   Alae subtus nigricantes ochraceo-marginatae.
   Die grauen Antennen an der Wurzel ockergelb; der ganze Körper ockergelb, nur die Brust grau. Die Oberseite der Vorderflügel ockergelb, die der Hinterflügel schwärzlich, mit ockergelben Fransen. Die Unterseite aller Flügel schwärzlich, mit ockergelben Rändern.
   Zwischen dem Noor und der Ema, Ende Juni, von Maack gefunden.
167. **Lithosia muscerda.** Esp.
   Hübn. Samml. europ. Schmett. Bomb. fig. 103.
   Oberhalb der Ema-Mündung und am Sungatscha, im Juli, von Maack gefangen.
168. **Calligena rosacea.** Brem. — Tab. III. Fig. 14.
   Bull. de l'Acad. 1861. Tom. III.
   Corpus pallido-ochraceum, subtus apice fuscescenti.
   Alae anticae pallido-testaceae margine posteriore et anteriore miniaceis, puncto medio punctisque juxta marginem exteriorem sex nigris; — alae posticae pallido-testaceae marginem exteriorem versus miniaceo-suffusae.
   Alae anticae subtus pallide miniaceo-testaceae, basi marginis anterioris maculaque magna rotunda apicis nigris. 20 m.
   Kleiner als *Cull. rosea*, die Färbung blasser, mehr ins Fleischfarbige übergehend; die zackige Linie in der Mitte der Vorderflügel fehlt unserer Species gänzlich. Auf der Unterseite der Vorderflügel liegt vor der Spitze ein gut begrenzter, runder schwärzlicher Fleck.
   Oberhalb der Ema-Mündung, Mitte Juli, von Maack gefangen.

169. **Paidia obtusa.** Herr.-Schäf.
Bomb. Europ. Tab. 31. fig. 161.
Oberhalb der Ema-Mündung, im Juli, von Maack gefangen.

170. **Nudaria ochracea.** Brem. — Tab. III. Fig. 15.
Bull. de l'Acad. 1861. Tom. III.
Corpus ochraceo-sordidum; antennae pectinatae.
Alae anticae supra corpori concolores, puncto medio punctisque minutis submarginalibus duobus nigris; alae posticae nigricantes margine externo ciliisque ochraceis.
Alae subtus nigricantes, macula media obscuriore, marginibus ochraceis. 18. m.

Grösse und Form von *N. Senex*, aber die Antennen stärker gekämmt. Die Vorderflügel sind ockergelb, mit einem schwarzen Mittelpunkte und zwei kleinen schwarzen Punkten vor dem Aussenrande. Die Hinterflügel schwärzlich, mit ockergelbem Aussenrande.

Auf der Unterseite sind die Vorderflügel schwärzlich, mit schwarzem Mittelpunkte, die Hinterflügel grau angeflogen, die vorderen ganz gelb gerandet, die hinteren mit gelbem Aussenrande.

Oberhalb der Ema-Mündung, Mitte Juli, von Maack gefangen.

171. **Callidula Felderi.** Brem. — Tab. IV. Fig. 3.
Palpi porrecti capite longiores; antennae vix clavatae, alae anticae apice truncatae, posticae subangulatae.
Alae supra fuscae, anticae fascia arcuata fulva.
Alae subtus ferrugineae obscurius-conspersae, anticae maculis duobus vel tribus albis in cellula mediana, posticae macula unica. Alae anticae fascia fulva sicut supra. 33 m.

Diesen eigenthümlichen *Agaristiden* stellen wir vorläufig neben *Petavius* Cram. (365 fig. C, D.), welchem er unstreitig am nächsten steht, trotz mancherlei Abweichungen, indem wir es einem Monographen überlassen, für denselben ein eigenes Genus zu schaffen, treu dem Grundsatze, dass eine Bekanntmachung neuer Arten wo möglich keine neuen Genera enthalten soll.

Der Kopf dieses Thieres ist klein, die Palpen lang hervorstehend, die Antennen gegen die Spitze allmählich, aber nur wenig verdickt; die Spitze der Vorderflügel ist abgestumpft, wie ausgeschnitten; der Aussenrand der Hinterflügel tritt in einem schwachen Winkel vor.

Die Oberseite der Flügel ist braun, über die vorderen läuft eine ockergelbe Binde, welche sich vom zweiten Drittheil des Vorderrandes in einem Bogen zum Innenwinkel zieht und in der Mitte des Flügels nach innen in Form eines spitzen Zahnes vortritt.

Die Unterseite der Flügel ist rostfarbig, mit dunkleren Atomen bestreut, ähnlich einigen *Geometriden*. Die Vorderflügel führen dieselbe ockergelbe Binde, wie auf der Oberseite, in der Mittelzelle liegen zwei bis drei weisse Fleckchen hintereinander, wovon der letzte, auf dunklerem Grunde, am deutlichsten hervortritt. Die Hinterflügel haben nur einen weisslichen Fleck in der Mittelzelle.

In den schattigen Wäldern des Bureja-Gebirges von Radde, im Mai, entdeckt.

172. **Euthemonia russula.** Linn.
Hübn. Samml. europ. Schmett. Bomb. fig. 124. 125.

Im Apfelgebirge und im Bureja-Gebirge von Radde, am unteren Ussuri von Maack, im Juni und Juli, gefangen.

173. **Chelonia plantaginis.** Linn.
Hübn. Samml. europ. Schmett. Bomb. fig. 127.
Et Var. *hospiton.* Hübn. Samml. europ. Schmett. Bomb. fig. 126.

An der Dseja und im Bureja-Gebirge von Radde, am unteren Ussuri von Maack, im Juni, gefangen.

174. **Chelonia flavida.** Brem. — Tab. 4. Fig. 4.
Bull de l'Acad. 1861. Tom. III.

Corpus gracile; thorax flavus; abdomen flavum, rosaceo-suffusum, serie triplici punctorum nigrorum.

Alae anticae supra flavae ciliis rosaceis, vitta media longitudinali cervina, saepe rosaceo-suffusa, serieque macularum submarginalium, saepe obsoletis, ejusdem coloris; — alae posticae pallido-coccineae, macula media maculisque submarginalibus nigris.

Alae subtus pallido-flavae coccineo-suffusae, anticae maculis discoidalibus duabus submarginalibusque tribus, saepe obsoletis, nigris; — posticae lunula media maculisque submarginalibus nigris magis minusve distinctis. 39 m.

Von zartem schlankem Körperbau wie *E. russula*, der Wisch in der Mitte der Vorderflügel endigt meistens in einem Flecke von derselben Farbe, und geht zuweilen mehr oder weniger ins Rosenfarbige über; die Flecke vor dem Aussenrande verschwinden zuweilen fast ganz.

Die Randflecke der Hinterflügel sind, zuweilen 5 bis 6 an der Zahl, zu einer Binde vereinigt; dagegen hat eines der uns vorliegenden Exemplare nur zwei Flecke. Auf der Unterseite scheinen nur die beiden Flecke in der Mittelzelle der Vorderflügel constant zu sein, die Randflecke aber variiren ebenso wie auf der Oberseite.

Von Radde im Bureja-Gebirge, Anfang Juli, gefangen.

175. **Chelonia rubescens.** Walk.
Spilosoma rubescens. Walk. Cat. Lep. Ins. of the Brit. Mus. III. p. 677.
Var. amurensis. Brem. — Tab. III. fig. 18.

Die Grundfarbe aller Flügel wie bei *Ch. purpurea*, doch variiren die Flecke auf beiden Flügeln ungemein, so dass kaum zwei vollkommen gleiche Exemplare zu finden sind.

Die Vorderflügel des Mannes sind zuweilen von einer oder mehreren regelmässigen Flecken- oder auch Punktreihen durchzogen, zuweilen aber schwinden alle Zeichnungen gänzlich, so dass die Vorderflügel rein gelb gefärbt erscheinen. Die schwarzen Flecke der Hinterflügel bleiben mehr constant und sind bei den meisten Exemplaren wie bei *Ch. purpurea* gestellt.

Das Weibchen hat selten einige bestimmte Punkte auf den Vorderflügeln, dagegen in der Mitte einen unregelmässigen gelbbraunen Fleck, welcher sich mehr oder weniger ausbreitet, oder auch ganz verschwindet; die Hinterflügel sind wie bei *Ch. purpurea*.

Obgleich dieses Thier bedeutend von Hrn. Walker's Beschreibung abweicht, so wagen wir es dennoch nicht, dasselbe von *Ch. rubescens* zu trennen, da das hiesige Museum ein Exemplar aus Japan besitzt, welches einen Uebergang von einigen unserer Varietäten zu Walker's *Ch. rubescens* bildet. Keinesweges aber gehört unsere Species zu *Arctia strigula* Walk., zu welcher Hr. Horsfield, in seinem Cat. Lep. Ins of the East India House, die *Ch. rubescens* als Varietät des Weibchens zieht. Hieraus geht hervor, dass Hr. Horsfield das Männchen nicht gekannt hat, uns aber liegen über 40 Exemplare vor, darunter an 30 männliche.

Im Bureja-Gebirge von Radde, von der Ussuri-Mündung bis zur Ema von Maack gefunden. Flugzeit: Juni und Juli.

176. **Chelonia purpurea.** Linn.
Hübn. Samml. europ. Schmett. Bomb. fig. 142.
Im Bureja-Gebirge am 1. Juli von Radde gefangen.

177. **Chelonia caja.** Linn.
Hübn. Samml. europ. Schmett. Bomb. fig. 130.
Nur die Varietät mit gelben Hinterflügeln.
Im Bureja-Gebirge von Radde, am Sungatscha von Maack Ende Juli gefunden.

178. **Chelonia aulica.** Linn.
Hübn. Samml. europ. Schmett. Bomb. fig. 139.
Im Bureja-Gebirge Ende Mai von Radde gefunden.

179. **Arctia fuliginosa.** Linn.
Hübn. Samml. europ. Schmett. Bomb. fig. 143.
Im Bureja-Gebirge von Radde im Juni und Juli gefangen.

180. **Arctia lubricipeda.** Linn.
Hübn. Samml. europ. Schmett. Bomb. fig. 155. 156.
Im Bureja-Gebirge im Juni von Radde gefunden.

181. **Arctia menthastri.** W. V.
Hübn. Samml. europ. Schmett. Bomb. fig. 152. 153.
Am Sungatscha Ende Juli von Maack gefangen.

182. **Arctia urticae.** Esp.
Hübn. Samm. europ. Schmett. Bomb. fig. 154.
Von Maack Ende Juli am Sungatscha gefunden.

183. **Dionychopus niveus.** Ménétr.
Schrenck's Reise im Amur-Lande. II. Lepid. p. 52. Tab. IV. Fig. 6.
Von Radde im Bureja-Gebirge, von Maack oberhalb der Ema im Juni und Juli gefangen.

184. **Hepialus hectus.** Linn.
   Hübn. Samml. europ. Schmett. Bomb. fig. 208. 209.
   Am unteren Ussuri von Maack im Juni gefangen.

185. **Hepialus variabilis.** Brem. — Tab. III. Fig. 17.
   Bull. de l'Acad. 1864. Tom. III.
   Corpus griseo-brunneum.
   Alae anticae corpori concolores maculis irregularibus strigaque lata basali, obtuse angulata, albidis; fascia obliqua pallida fusco-marginata ab apice ad marginem interiorem ducta, macula longitudinali submarginali punctisque marginalibus albis; — alae posticae fusco-griseae, ochraceo-marginatae.
   Alae subtus fusco-griseae, ochraceo-marginatae. 26 — 28 m.
   Etwas grösser als *H. Hectus*, in der Zeichnung sehr veränderlich, doch constant sind: der weisse Streif, welcher von der Wurzel der Vorderflügel dem Innenrande entlang läuft und, einen stumpfen Winkel bildend, bis in die Mitte des Flügels sich erstreckt, so wie die Zeichnungen des Aussenrandes, welche denen von *H. Velleda* ähnlich sind.
   Am unteren Ussuri im Juni von Maack entdeckt.

186. **Liparis monacha.** Linn.
   Hübn. Samml. europ. Schmett. Bomb. fig. 74.
   Im Bureja-Gebirge von Radde im Juli gefangen.

187. **Liparis dispar.** Linn.
   Hübn. Samml. europ. Schmett. Bomb. fig. 75. 76.
   In Dahurien und im Bureja-Gebirge von Radde, oberhalb der Ema von Maack, im Juli, gefunden.

188. **Liparis salicis.** Linn.
   Hübn. Samml. europ. Schmett. Bomb. fig. 70.
   Am Baikal-See von Radde, am Ussuri bis oberhalb der Ema von Maack gefangen. Flugzeit: Juni und Juli.

189. **Liparis auriflua.** W. V.
   Hübn. Samml. europ. Schmett. Bomb. fig. 68. 69.
   Im Bureja-Gebirge von Radde, am Sungatscha von Maack im Juni und Juli gefangen.

190. **Arca alba.** Brem. — Tab. III. Fig. 18.
   Alba, antennarum ramis, fronte et palporum apice pallido-testaceis punctisque medio alarum anticarum ochraceo, minimo, obsoleto. 34 m.
   Dieses sehr zart gebaute Thier entdeckte Maack am Ussuri, oberhalb der Ema-Mündung, Mitte Juli.

191. **Arca subflava.** Brem. — Tab. III. Fig. 19.
   Ochraceo-flava, alis anticis supra striga obliqua atomorum nigrarum interrupta, e medio marginis interioris ad cellulam mediam ducta, obsoletissima. Mas. 30 fem. 35 m.

Der japanischen *Helladia* Cram. ähnlich, doch heller gelb, in der Mitte der Vorderflügel ohne schwarzen Punkt; der schwarze Streif, welcher sich von der Mitte des Innenrandes schräg zur Mittelzelle zieht, viel breiter, aber schwächer und nur durch weitläufig zerstreute Atome angedeutet.

Am Ussuri von Maack, oberhalb der Ema, Mitte Juli gefangen.

192. **Artaxia confusa.** Brem. — Tab. IV. Fig. 5.

Antennae ochraceae, ramis brunneis; corpus fulvo-brunneum abdomine dilutiore.

Alae anticae brunneo-fulvesque-variae, areae basalis dimidio anteriore brunneo, dimidio posteriore ochraceo; fascia media obliqua prope marginem anteriorem ochracea, marginem interiorem versus canescenti, saepe lunulam mediam obscuram includente; fascia obliqua brunnea, obscurius marginata, ab apice ad marginem interiorem ducta; linea marginali dentata brunnea punctoque apud angulum internum nigro. Alae posticae brunnescentes basi dilutiore, lunula media fasciisque duabus obsoletis obscurioribus.

Alae subtus brunnescentes fasciis duabus communibus obscurioribus, externa latiore interrupta; alae posticae dilutiores macula media brunnea. 32 — 35 m.

Form von *Selenitica* ♂, doch etwas grösser. Das Basalfeld der Vorderflügel hat die Hälfte gegen den Vorderrand bräunlich gefärbt, mit grauem Anfluge und nach aussen dunkler braun begrenzt; die Hälfte gegen den Innenrand aber ist ockerfarbig, nach aussen gleichfalls dunkler eingefasst. Das Mittelfeld, welches einen dunkel begrenzten Nierenfleck einschliesst, ist am hellsten, gegen den Vorderrand ockerfarbig, gegen den Innenrand aber graulich gefärbt, mit einem Anfluge von Violett bei frischen Exemplaren; nach aussen ist dieses Feld durch einen sanft gebogenen braunen Streifen eingefasst. Hierauf folgt eine aussen gezackte Binde, welche am Vorderrande, nahe der Spitze, beginnt, sich schräg gegen den Innenrand zieht, und erst gelblich, dann bräunlich gefärbt ist. Der Aussenrand ist grau, mit einem schwachen Anfluge von Violett, bei frischen Exemplaren mit einigen dunklen Flecken vor dem Innenwinkel.

Im Juli im Bureja-Gebirge und am Ussuri von Radde entdeckt.

193. **Clisiocampa neustria.** Linn.

Hübn. Samml. europ. Schmett. Bomb. fig. 179. 180.

Im Bureja-Gebirge von Radde, im Juli, gefangen.

194. **Odonestis potatoria.** Linn.

Hübn. Samml. europ. Schmett. Bomb. fig. 182. 183.

Im Bureja-Gebirge von Radde, an der Ema von Maack im Juli gefangen.

195. **Odonestis albo-maculata.** Brem. — Tab. IV. Fig. 6 ♂ et Tab. III. Fig. 20 ♀.

Bull. de l'Acad. 1861. Tom. III.

Ferrugineo-brunnea abdomine dilutiore.

Alae anticae supra striga basali subobsoleta, striga obliqua, ab apice ad medium marginis interioris ducta, extra albido-marginata strigaque submarginali serrata obscurioribus; maculis mediis duabus albis, sericeo-micantibus, altera sub altera positis. Alae posticae striga transversa obscuriore subdesoleta.

Alae subtus brunneae, basim versus dilutiores, striga transversa obscuriore. Alae anticae feminae macula media allida. Mas. 45. fem. 55 m.

Der *O. Potatoria* nahe stehend, doch dunkler gefärbt (wie die dunklen Exemplare von *Bombyx Trifolii*) und gegen den Aussenrand mit violettem Schiller.

Der Streifen, welcher sich von der Spitze des Vorderflügels zur Mitte des Innenrandes zieht, ist mehr nach aussen gebogen, die Flecke im Mittelfelde sind viel grösser und glänzend weiss, der untere, grössere, ist tropfenförmig. Männchen und Weibchen sind nur in der Grösse verschieden, aber nicht in der Färbung wie bei *O. Potatoria*.

Das Weib unserer neuen Art zeigt eine auffallende Aehnlichkeit in Farbe und Zeichnung mit *Trabala lacta* Walk. (abgebildet in Cat. of the Lep. Ins. of the East Ind. House Vol. II. Bomb. Pl. XII. A, fig. 7 a) doch ist die Spitze des unteren weissen Fleckes der Vorderflügel bei unserer Species nach aussen gerichtet; auch fehlt der Art Walker's die dunkle Querbinde der Hinterflügel, welche unsere Art mit *O. Potatoria* gemein hat. Dagegen haben die Männer dieser beiden Arten gar keine Aehnlichkeit mit einander.

Es muss hervorgehoben werden, dass unsere *Albo-maculata* eine ächte *Odonestis* ist und keine *Trabala* (früher *Amydona* Walk.).

Im Bureja-Gebirge von Radde, oberhalb der Ema-Mündung von Maack, im Juni und Juli gefangen.

196. **Lasiocampa fasciatella.** Ménétr.

Bombyx fasciatella. Ménétr. Schrenck's Reise im Amur-Lande. II. Lep. p. 55. Tab. IV. fig. 8.

Wie schon aus der Beschreibung des Hrn. Ménétriès zu ersehen ist, ist die Zeichnung dieser ächten *Lasiocampa*, auf der citirten Tafel, ganz verfehlt. Der Beschreibung des Hrn. Ménétriès ist nur noch hinzuzufügen, dass die Vorderflügel einen weissen Fleck haben wie *L. pini*, welcher aber der Flügelwurzel näher steht. Die Grundfarbe der Flügel variirt von Ockergelb bis ins Braune; bei den dunkelfarbigen Exemplaren tritt die helle Einfassung der Mittelbinde sehr deutlich hervor.

Der Mann ist von der Grösse und Form der *L. pini*, die Oberseite der Flügel ist bräunlich ockerfarbig, mit dem erwähnten weissen Fleck wie beim Weibe. Hinter der Mitte der Vorderflügel befindet sich eine ockergelbe Querbinde, deren äusserer Rand sehr gezackt und gebuchtet erscheint und einen unterbrochenen, unbestimmten dunklen Streifen einschliesst. Die Unterseite ist einfarbig ockergelb, ohne alle Zeichnung.

Ein Mann am Sungatscha von Maack, zwei Weiber von Radde im Bureja-Gebirge, Ende Juli gefangen.

197. **Lasiocampa quercifolia.** Linn.

Hübn. Samml. europ. Schmett. Bomb. fig. 187. 188.

Im Bureja-Gebirge von Radde, oberhalb der Ema von Maack, im Juli gefangen.

198. Saturnia carpini. W. V.

Hübn. Samml. europ. Schmett. Bomb. fig. 53. 54.

Im Bureja-Gebirge von Radde im Mai gefunden.

199. Tropaea Artemis. Brem. — Tab. II. Fig. 6 ♂, Fig. 7 ♀.

Etud. entom. de Motschulsky 1852. p. 64 et Bull. de l'Acad. 1861. Tom. III.

Corpus album, antennis flavescentibus, fascia transversa prothoracis pedibusque purpurascentibus.

Alae omnes utrinque dilute sulcoeruleo-virides, basi albo-pilosa, ocello medio flavo, antice nigro-marginato, strigam hyalinam includente.

Alae anticae margine anteriore purpurascenti; posticae maris longissime caudatae, feminae subcaudatae. Mas. 109. fem. 114 m.

Diese Species wurde von uns zuerst, 1852, nach einem unvollständigen Exemplare aus Peking beschrieben. Sie steht der *Luna* aus Nordamerika am nächsten. Die Farbe ist dieselbe wie beim Weibchen von *Luna*; auch in der Form der geschwänzten Hinterflügel gleicht das Männchen mehr der *Luna* als der *Selene* aus Indien, doch sind die Augenflecke kleiner und länglicher, der durchsichtige Streif in der Mitte der Augenflecke schmäler und der Augenfleck selbst nicht durch einen purpurfarbigen Streifen mit dem Vorderrande verbunden, sondern von diesem vollständig getrennt wie bei *Selene*.

Am meisten unterscheidet sich aber das Weibchen von allen verwandten Arten durch die sehr kurzen Schwänze, die wie abgeschnitten erscheinen.

Ein schönes Paar wurde von Radde im Bureja-Gebirge in der letzten Hälfte des Juli gefangen.

200. Aglia tau. Linn.

Hübn. Samml. europ. Schmett. Bomb. fig. 51. 52.

Eine ausgezeichnete Varietät hat die Vorderflügel bis zum Augenflecke und den Aussenrand schwarz; die Hinterflügel sind mehr oder weniger, zuweilen aber auch ganz schwarz.

Von Radde im Bureja-Gebirge Ende Mai und Anfang Juni gefangen.

201. Harpyia ocypete. Brem. — Tab. V. Fig. 1.

Bull. de l'Acad. 1861. Tom. III.

Corpus griseum; antennis dimidio basali pectinatis, dimidio apicali nudis.

Alae anticae supra cinereae plaga magna subrotundata nigro-fusca (fasciam nigram includente), extra albido-annulata, apicem versus marginis anterioris directa, lineaque marginali nigra. Alae posticae albidae lituris anguli ani duabus nigris, minima, lineaque marginali tenui nigra.

Alae anticae subtus cinereae, marginem anteriorem versus dilutiores; posticae albidae macula anguli ani obsoleta, nigricanti. 45 m.

Diese Species ist neben *Milhauseri* zu stellen, die Flügel sind aber weit mehr in die Länge gezogen, das ganze Thier ist überhaupt schlanker gebaut. Die Antennen sind nur bis zur Hälfte gefiedert, dann nackt. Die Vorderflügel grau, gegen die Flügelspitze liegt ein dunkler runder Fleck am Vorderrande, welcher einen schwarzen Streifen einschliesst. Die Hinterflügel sind weiss, mit einer dunklen Linie vor den Fransen und zwei kurzen schwarzen Wischen am Innenwinkel.

Am unteren Ussuri von Maack im Juni entdeckt.

202. **Ptilodontis grisea.** Brem. — Tab. V. Fig. 2.
Bull. de l'Acad. 1861. Tom. III.

Corpus dilute ochraceum capite palpisque canescentibus, antennis albidis, ramis fuscis, segmentis abdominis duobus anterioribus ferrugineis.

Alae anticae supra griseae, apice pallido-canae, ciliis ochraceis, ferrugineo-interruptis; strigis transversis dentatis duabus, posteriore extra pallido-annulata; margine interiore ferrugineo, dente dilute-ochraceo, ferrugineo-marginato, brunneo-piloso; — alae posticae cinereae fascia transversa dilutiore.

Alae anticae subtus albido-griscescentes; posticae albidae, fascia dentata communi maculaque media nigris. 55 m.

Der *Palpina* zwar nahe verwandt, doch in Folgendem auffallend von derselben abweichend: bedeutend grösser als *Palpina*, die Vorderflügel mehr in die Länge gezogen, daher im Verhältniss schmäler, der Aussenrand schräger nach innen gebogen, die Färbung dunkler und einfarbiger grau. Hinter der äusseren Querlinie fehlen die weissen Punkte nebst den schwarzen Längsstrichen, von welchen dieselben eingefasst sind; die Querlinien laufen überhaupt schräger. Der Zahn am Innenrande ist hell ockergelb, mit rostfarbiger Einfassung, welche sich bis zu den Fransen fortsetzt; die Fransen selbst sind ockergelb und rostfarbig gescheckt.

Im Bureja-Gebirge von Radde, am unteren Ussuri von Maack, im Juni gefangen.

203. **Notodonta torva.** Hübn. (Text).
Ochsenh. Schmett. v. Europ. III. p. 51.

Am unteren Ussuri von Maack im Juni gefunden.

204. **Pygaera Timonides.** Brem. — Tab. V. Fig. 3.
Bull. de l'Acad. 1861. Tom. III.

Corpus brunneum antennis albis, ramis brunneis, abdomine griseo.

Alae anticae margine externo sinuatae, supra griscescentes, apice brunneo, plaga magna subtriangulari (aream mediam occupante), striga dentata submarginali strigisque duabus basalibus brunneis, dilute griseo-marginalis; alae posticae griseae fascia transversa obscuriore obsoleta.

Alae anticae subtus brunneo-griseae, apice ferruginescentes, fascia transversa obscuriore, dilutius marginata; alae posticae albicantes, brunneo-atomosae, strigis duabus transversis brunneis 27 m.

Diese Art könnte wohl mit *Timon* zusammen ein eigenes Genus bilden, welches von *Pygaera* zu trennen wäre. Am Aussenrande der Vorderflügel befindet sich ein Vorsprung zwischen Rippe 4 und 5, wodurch zwischen diesem und der Flügelspitze eine Einbucht entsteht. In der Anlage der Zeichnungen hat unsere Species grosse Aehnlichkeit mit *Anastomosis* und noch mehr mit der americanischen *Inclusa*.

Von der ersten Querlinie am Vorderrande zieht sich ein schräger Streif nach aussen, die zweite Querlinie in der Mitte durchschneidend und sich am Innenrande mit der dritten Querlinie in einem spitzen Winkel vereinigend, wie bei *Inclusa* (bei *Anastomosis* beginnt dieser Streif erst an der zweiten Querlinie); dieses Dreieck, welches durch den schrägen Streifen, die dritte Querlinie und den Vorderrand begrenzt wird, ist bei unserer Species dunkelbraun ausgefüllt (*Anastomosis* hat nur einen dunklen Schatten an der Spitze dieses Dreiecks am Innenrande). Die dritte Querlinie ist in der Mitte nach aussen gebogen und nicht so grade wie bei den beiden Verwandten; der Streifen längs des Aussenrandes ist hell auf dunklem Grunde und läuft ununterbrochen fort ohne dunkle Flecke wie bei *Anastomosis* und *Inclusa*.

Am Ussuri zwischen dem Noor und der Ema von Maack Anfang Juli gefangen.

205. **Asteroscopus atrovittatus.** Brem. — Tab. V. Fig. 4.
Bull. de l'Acad. 1861. Tom. III.

Corpus canum.

Alae anticae supra canae venis nigris; striga transversa postica vix conspicua, striga basali lata longitudinali, vittis tribus longitudinalibus marginem posteriorem versus (in cellulis 1ma, 2da et 4ta) vittisque duabus obliquis costalibus atris; — alae posticae griseae nervis fuscis, fascia media dilutiore obsoleta.

Alae subtus albidae nervis fuscis, striga arcuata communi lunulaque media posticarum fuscis. 47 m.

Diese Species ist kleiner und schlanker als *Nubeculosa*, weisslich grau; die Vorderflügel mit schwarz bestaubten Adern, welche Bestaubung vor den Adern sich mehr ausbreitet; von der Basis aus läuft ein tief schwarzer Wisch und vor dem Aussenrande in Zelle 1b, 2 und 4 liegen noch drei kleinere solche Wische. Am Vorderrande bemerken wir noch zwei schwarze Streifen als Anfänge der gewöhnlichen Querlinien, von denen allein die äussere bis zum Innenrande kaum sichtbar durchgeht und deren Lauf nur durch die schwarzen Punkte auf den Adern angedeutet ist.

Die Hinterflügel sind grau mit dunkleren Adern und einer kaum merklichen helleren Querbinde durch die Flügelmitte.

Am unteren Ussuri von Maack im Juni entdeckt.

206. **Thyatira derasa.** Linn.
Hübn. Samml. europ. Schmett. Noct. fig. 66.
Var. *intermedia*. Nobis.

Zeichnung wie bei *Derasa*, doch die Zackenlinie der Vorderflügel so wie alle übrigen Zeichnungen bestimmter und deutlicher; die Grundfarbe der Oberflügel aber ganz abweichend und eben so grau wie bei *Abrasa* Guen. aus Nordamerika, also ohne die goldig gelbe Färbung des Mittelfeldes von *Derasa*.

Zwischen dem Noor und der Ema von Maack Anfang Juli gefunden.

207. **Thyatira batis.** Linn.
Hübn. Samml. europ. Schmett. Noct. fig. 63.

Im Bureja-Gebirge im Juli von Radde gefangen.

208. **Thyatira trimaculata.** Brem. — Tab. V. Fig. 5.
Bull. de l'Acad. 1864. Tom. III.

Thorax pallido-brunneus collari albo; abdomen albidum.

Alae anticae supra olivaceo-fuscae maculis tribus magnis, subrotundatis, dilute fusco-olivaceis, albo-marginalis, maxima ad basim, secunda ad angulum internum et tertia ad apicem limbi anterioris; ante cilia serie e maculis minutis quinque concoloribus composita; — alae posticae albicantes macula media obsoleta, linea transversa posteriore fasciaque submarginali fuscescentibus.

Alae anticae subtus fuscescentes, marginem posteriorem versus fusco-conspersae, macula media fasciaque communi (alarum anticarum obsoleta) fuscis. 31 m.

Etwas kleiner als *Batis*, die Vorderflügel tiefer olivenbraun mit nur drei Flecken; der Wurzelfleck viel grösser als bei *Batis* und mehr abgerundet, der 2-te an der Flügelspitze ganz rund, der dritte am Innenwinkel ungefähr wie bei *Batis*. Doch sind diese Flecke hellbraun mit weissen Rändern, ohne rosenfarbigen Anflug. Der Aussenrand ist wie bei *Batis* gezeichnet.

Die Hinterflügel sind weisslich, ein Mittelfleck, dahinter eine geschwungene Binde und ein Anflug vor den Fransen zeichnen sich dunkel ab.

Am unteren Ussuri im Juni von Maack gefangen.

209. **Cymatophora albicostata.** Brem. — Tab. V. Fig. 6.
Brem. Bull. de l'Acad. 1861. Tom. III.

Corpus griseum capite fulvescenti-griseo.

Alae anticae supra griseo-fuscescentes margine anteriore late albicanti, striga transversa basali fusca, lineis ordinariis reliquis obsoletis, areae mediae maculis pallido-flavescentibus, striola obliqua apicali fusca; — alae posticae griseo-fuscescentes macula media, fascia arcuata fasciaque luta marginali obsolete fuscis, ciliis albidis.

Alae anticae subtus fusco-grisescentes macula subtriangulari apicali albicanti; alae posticae albicantes macula media fasciisque duabus obsolete fuscescentibus. 41 m.

Diese Species ist grösser als *Or*, der Vorderrand breiter weiss, mit einem schwachen Anfluge von Fleischfarbe, die grauen Vorderflügel sind einförmiger, von weniger zahlreichen und mehr verloschenen Streifen durchzogen. Die erste ganze Querlinie fängt mit einem dunklen Wisch an dem weissen Aussenrande an und theilt sich in einen Büschel von vier wellenförmigen Linien, welche im rechten Winkel den Innenrand erreichen. Das Mittelfeld, in welchem die Zeichen wie bei *Or* stehen, ist viel breiter und unter dem weissen Vorderrande eintöniger grau; die Hinterflügel sind heller, daher die Binden deutlicher.

Am unteren Ussuri, im Juni, von Maack gefangen.

210. **Acronycta major.** Brem. — Tab. V. Fig. 7.
Bull. de l'Acad. 1861. Tom. III.

Corpus canum.

Alae anticae canae strigis longitudinalibus tribus (prima basali, secunda et tertia prope marginem posteriorem) nigris, striga transversa submarginali obsoleta fusca, intus albido-annulata, maculisque ordinariis vix nigro-cinctis; — alae posticae griseae nervis, macula media strigaque exteriore sinuata fuscis.

Alae omnes subtus albidae, anticae apud marginem anteriorem obscuriores, nervis, macula media strigaque communi fuscis. 57 m.

Der nordamerikanischen *Lobelia* am nächsten verwandt, deren Grösse sie noch übertrifft. Die Vorderflügel sind aber spitzer, die Färbung ist heller als bei dieser, alle Zeichnungen unbestimmter, fast ganz verloschen, die runde Makel und die Nierenmakel sind durch keinen schwarzen Streifen verbunden, die letztern innen aber schwarz gerandet.

Mitte Juli, oberhalb der Ema, von Maack entdeckt.

211. **Acronycta lutea.** Brem. — Tab. IV. Fig. 7.
Beitr. zur Fauna des nördl. China's. p. 17.

Im Bureja-Gebirge von Radde im Juli gefangen.

212. **Leucania conigera.** W. V.
Hübn. Samml. europ. Schmett. Noct. fig. 222.

Ein sehr hell strohgelb gefärbtes Exemplar wurde von Radde an der Nordseite des Baikal-Sees im Juli gefangen.

213. **Leucania radiata.** Brem. — Tab. V. Fig. 8.
Bull. de l'Acad. 1861. Tom. III.

Corpus flavescenti-testaceum.

Alae anticae supra flavescenti-testaceae, vena mediana dilute rufescenti-adumbrata, apice pallido-rufescenti, vitta obliqua flavescenti-testacea punctisque duobus nigris distinctis ad marginem posteriorem venarum secundae et quintae; — alae posticae canescentes, ante marginem posteriorem albidae.

Alae anticae subtus flavescenti-albae, posticae albae; alae omnes margine anteriore fusco-atomosae, puncto medio punctisque ante cilia nigris. 29 m.

Die Grundfarbe dieser *Leucania* ist gelblicher als bei *L. pallens*, längs der Mittelrippe befindet sich ein röthlicher Streifen; das Feld an der Flügelspitze ist röthlich und durch einen gelblichen Wisch getheilt, welcher aus der Flügelspitze selbst ausgehend, gegen die

Mitte des Flügels sich herunter zieht; die röthlichen Stellen sind von feinen gelblichen Linien durchzogen; gegen den Aussenrand liegen zwei schwarze Punkte und eine Reihe sehr kleiner schwarzer Punkte vor den Fransen.

Von Maack am Ussuri, zwischen Noor und Ema, Anfang Juli gefangen.

214. **Leucania impura.** Albin.
> Herr.-Schäff. Schmett. v. Europ. Noct. 319. 320.

Am Sungatscha Ende Juli von Maack gefangen.

215. **Hydroecia nictitans.** Linn.
> Treitsch. Suppl. Ochsenh. Schmett. v. Europ. V. 2. p. 82.

Die Grundfarbe sehr dunkel, noch dunkler als Herrich-Schäffer's *Lucens* 287, so dass die weisse Nierenmackel grell hervortritt.

Dieselbe Varietät kommt auch bei Petersburg vor.

Am Kengka-See von Maack Anfang August gefangen.

216. **Hydroecia micacea.** Esp.
> Treitsch. Suppl. Ochsenh. Schmett. v. Europ. V. 2. p. 333.

Sehr kleine Exemplare wurden von Radde im Bureja-Gebirge und von Maack am Sungatscha Ende Juli gefangen.

217. **Xylophasia interitia.** Hufn.
> Treitsch. Suppl. Ochsenh. Schmett. v. Europ. V. 3. p. 45.

Am unteren Ussuri von Maack im Juni gefunden.

218. **Mamestra abjecta.** Hübn.
> Samml. europ. Schmett. Noct. fig. 539.

Im Bureja-Gebirge und am Ussuri von Radde, am Sungatscha von Maack im Mai und Juli gefangen.

219. **Apamea ophiogramma.** Esp.
> Hübn. Samml. europ. Schmett. Noct. fig. 355.

Sehr kleine Exemplare am Kengka-See von Maack Anfang August gefangen.

220. **Caradrina tristis.** Brem. — Tab. V. Fig. 9.
> Bull. de l'Acad. 1861. Tom. III.

Alae anticae supra cinereae puncto minuto maculaque majore loco stigmatum ordinariorum, lineaque undulata obsoletissima fuscis; alae posticae dilutiores griseae puncto medio nigro.

Alae subtus griseae; posticae dilutiores macula media minuta. 25 m.

Zu *Lenta* und *l'Iginosa* gehörig, doch sind die Vorderflügel ohne alle Querlinien, nur die gewässerte Linie ist vorhanden, indessen sehr undeutlich und kaum zu erkennen.

Oberhalb der Ema-Mündung, am Ussuri von Maack im Juli gefangen.

221. **Caradrina montana.** Brem. — Tab. IV. Fig. 8.
> Bull. de l'Acad. 1861. Tom. III.

Corpus griseum.

Alae anticae supra cinereae punctis costalibus nigris quatuor, (macula orbiculari nulla) macula reniformi distincta fusco-cincta, lineis ordinariis et linea transversa media fuscis; — *alae posticae albicantes macula media marginesque posteriore canescentibus.*

Alae anticae subtus griseae, marginem interiorem versus dilutiores; — *posticae albidae, fusco-irroratae, margine posteriore grisco;* — *alae omnes linea arcuata communi punctoque medio (anticarum obsoleto) fuscescentibus. 31 m.*

Diese Species ist grösser als *Cubicularis,* mehr aschgrau, die zweite Querlinie und die Wellenlinie werden von sehr kleinen Pfeilstrichen gebildet und sind nicht hell gerandet. Die Hinterflügel haben einen grauen Mittelfleck und sind nicht so weiss als bei *Cubicularis.*

Von Radde im Apfelgebirge im Juli gefangen.

222. **Agrotis fennica.** Tausch.
Herr.-Schäff. Pap Europ. Noct. 146. 147.
Im Bureja-Gebirge, Ende Juli, von Radde gefangen.

223. **Agrotis ravida.** W. V.
Hübn. Samml. europ. Schmett. Noct. fig. 126 et 600.
Am Kengka-See, Anfang August, von Maack gefangen.

224. **Agrotis transylvanica.** Herr.-Schäff.
Schmett. v. Europ. Noct. fig 547.
Anfang August am Kengka-See von Maack gefangen.

225. **Agrotis ononensis.** Brem. — Tab. IV. Fig. 9.
Bull. de l'Acad. 1861. Tom. III.

Thorax brunnescens; abdomen griseum.

Alae anticae supra grisco-cinereae linea longitudinali basali et macula pyramidali, maculas ordinarias includente, nigerrimis, linea transversa posteriore serieque sagittarum ante marginem posteriorem obsolete fuscis; — *alae posticae cinereae, basim versus dilutiores.*

Alae anticae subtus griseae; — *posticae albidae, ante marginem anteriorem fusco-conspersae. 33 m.*

Diese Species ist einigermassen der *Obelisca* Var. *Villiersii* vergleichbar, doch ohne Zapfenmackel, die runde Mackel so wie die Nierenmackel sind viel kleiner, der Pyramidalfleck ist viel länger, beginnt schon vor den Mackeln und umschliesst dieselben vollständig; längs des Aussenrandes befindet sich eine Reihe Pfeilflecke.

Am Onon von Radde, am 2. Juli, gefangen.

226. **Noctua speciosa.** Brem. — Tab. IV. Fig. 10.
Bull de l'Acad. 1861. Tom. III.

Corpus griseum.

Alae anticae supra fuscae, canescenti-suffusae, lineis transversis maculisque ordinariis distinctis albido-canis, macula areae basalis obscura, area media ad marginem interiorem canescenti, lineaque undulata areae posticae obscura, extra canescenti-marginata; — *alae posticae griseae, marginem posteriorem versus obscuriores.*

Alae subtus griseae umbra transversa obscuriore. 40 m.

In der Färbung erinnert diese Species an *Kollari*, weicht aber in der Zeichnung bedeutend von derselben ab. Die Vorderflügel haben einen starken Seidenglanz; die hellgrauen Querlinien zeichnen sich auf dem dunklen Grunde sehr deutlich ab, ebenso die hellgerandeten Mackeln. Einen eigenthümlichen Lauf nimmt die äussere Querlinie, indem dieselbe, von der Nierenmackel ungewöhnlich weit entfernt, vom Vorderrande einen starken Bogen nach aussen beschreibt und die sehr gebuchtete Wellenlinie beinahe berührt, dann schräg, in fast gerader Linie, auf den Innenrand zuläuft und demselben erreicht; der Raum zwischen den beiden letzten Linien ist sehr dunkel, ausserhalb der Wellenlinie dagegen hell grau.

Am Ussuri von Radde, Ende Juli, gefangen.

227. **Noctua fuscostigma.** Brem. — Tab. V. Fig. 10.
Bull. de l'Acad. 1863. Tom. III.

Thorax brunneus; abdomen flavescenti-griseum.

Alae anticae supra brunneae punctis costalibus septem nigris, septimo prope apicem distinctiore; striga apicali elongata nigra; dimidio areae mediae marginem anteriorem versus obscuriore, maculas ordinarias fusco-nigras includente; lineis ordinariis obsoletis, striga fusca inter lineam transversam posteriorem et undulatam distincta; — alae posticae sordide flavescentes lunula media obsoleta fasciaque marginali lata fuscis.

Alae anticae subtus fuscescentes, ad marginem anteriorem dilutiores; — posticae flavescentes, margine anteriore brunneo-conspersae. 35 m.

Diese Art ist dunklen Varietäten von *Baja* vergleichbar, doch in Folgendem von derselben unterschieden: beide dunkelgrauen Mackeln liegen in einem tief schwarzbraunem Felde, die innere Querlinie ist einfach und läuft viel schräger nach aussen, die äussere Querlinie ist gerader, hinter derselben fehlen die weissen Pünktchen, so wie die schwarzen Streifen, auf welchen die letzteren sich bei *Baja* befinden. Die Wellenlinie beginnt mit einem schwarzen Fleck am Vorderrande und endigt mit einem zweiten am Innenwinkel.

Die Hinterflügel sind schmutzig gelblich, mit dunkelgrauer Randbinde.

Am Kengka-See von Maack, Anfang August gefangen.

228. **Noctua descripta.** Brem. — Tab. IV. Fig. 11.
Bull. de l'Acad. 1861. Tom. III.

Thorax griseo-fulvus; abdomen griseseens apice fulvo.

Alae anticae cano-et brunneo-mixtae, linea transversa basali distincta, maculis ordinariis canis nigro-cinctis, altera ab altera macula brunnea separatis, umbra transversa media, linea transversa posteriore arcuata lineaque undulata brunneis; — alae posticae flavescenti-cinereae, marginem posteriorem versus obscurioribus, lunula media obsoleta.

Alae subtus griseo-fuscae lunula media strigaque arcuata communi obsolete fuscis; alae posticae prope marginem anteriorem brunneo-conspersae. 32 — 34 m.

Der *Dahlii* und *Festiva* am nächsten stehend, die dunkler braun gefärbten Vorderflügel sind aber kürzer und im Verhältniss breiter; die äussere Querlinie ist nicht gezahnt wie bei den beiden genannten Arten, auch liegen keine weissen Pünktchen hinter derselben; die dunkle Wellenlinie, mit starken Buchten fast im Zickzack laufend, hat keinen hellen Rand.

Im Bureja-Gebirge, Mitte Juli, von Radde gefangen.

229. **Cerastis serotina.** Ochsenh.
Treitsch. Schmett. v. Europ. V. 2. p. 418.
Orbona. Rossi.
Hübn. Samml. europ. Schmett. Noct. fig. 104.

Am unteren Ussuri von Maack im Juni gefangen.

230. **Xanthia flavo-stigma.** Brem. — Tab. V. Fig. 11.
Bull. de l'Acad. 1861. Tom. III.

Corpus grisescenti-flavescens.

Alae anticae supra flavescentes plaga media ferruginescenti, maculas ordinarias flavas includente; vitta apicali obliqua ferruginea, cum plaga media confluente; linea transversa posteriore obsoletissima; serie punctorum nigrorum submarginali maculisque nigris marginalibus in cellulis; — alae posticae nigricantes, ad marginem anteriorem albidae.

Alae subtus linea arcuata communi obsoleta punctisque marginalibus nigris; anticae fuscescentes maculis ordinariis paginae superioris obsoletis, area postica dilute lutescenti; alae posticae albidae fusco-conspersae. 30 m.

Kleiner als *Cerago*, gelb. Vorderflügel in der Mitte röthlich rostfarbig, welche Färbung die gelben Mackeln einschliesst; ein Wisch von der Farbe des Mittelfeldes läuft schräg aus der Flügelspitze und vereinigt sich mit dem Mittelfelde. Die äussere Querlinie ist undeutlich; eine Reihe schwarzer Punkte liegt ausserhalb der Querlinie und eine zweite vor den Fransen. Die Hinterflügel sind schwärzlich, am Vorderrande heller.

Am unteren Ussuri, im Juni, von Maack gefangen.

231. **Xanthia cerago.** W. V.
Hübn. Samml. europ. Schmett. Noct. fig. 190.

Am Kengka-See, Anfang August, von Maack gefunden.

232. **Miselia viridimixta.** Brem. — Tab. V. Fig. 12.
Bull. de l'Acad. 1861. Tom. III.

Corpus griseum, thorace fusco-piloso.

Alae anticae supra dilute canae, nigrescenti-et viridi-variae, dimidio anteriore areae basalis nigricanti, lineis transversis basalibus duabus nigris; macula orbiculari cana, intus virescenti; macula reniformi magna indistincta; macula tertia in medio marginis interioris subrotundata cana; inter maculas ordinarias fascia lata nigricanti ad marginem interiorem ducta, strigis nigris marginata maculam viridem prope maculam reniformem alteramque prope ampulam posticum includente; area postica apice nigricanti, viridi-intermixta; lineis ordinariis ad marginem anteriorem distinctis, marginem interiorem versus obsoletis; — alae posticae canae literis anguli ani nigris, viridi-irroratis.

Alae anticae subtus griseae maculis costalibus tribus nigris; posticae albidae. 58 m.

Unsere Species hat die Grösse von *Bimaculosa*, die Vorderflügel sind aber schmäler und der Aussenrand derselben schräger nach innen gezogen. Der Mittelschatten läuft sehr schräg vom Vorderrande nach dem Innenwinkel; die Wellenlinie beginnt mit einem weissen Flecke und beschreibt in der Mitte einen starken Winkel nach aussen, so dass dieselbe einen doppelten Bogen bildet.

Am unteren Ussuri, im Juni, von Maack gefunden.

233. **Aplecta herbida.** W. V.

Hübn. Samml. europ. Schmett. Noct. fig. 76.

Im Bureja-Gebirge von Radde im Juli gefangen.

234. **Aplecta occulta.** Linn.

Hübn. Samml. europ. Schmett. Noct. fig. 79.

Im Bureja-Gebirge, Ende Mai und Anfang Juli, von Radde, am Sungatscha, Ende Juli, von Maack gefangen.

235. **Aplecta advena.** W. V.

Hübn. Samml. europ. Schmett. Noct. fig. 81.

Im Apfelgebirge von Radde im Juli gefunden.

236. **Hadena chenopodii.** W. V.

Hübn. Samml. europ. Schmett. Noct. fig. 86.

In Dahurien von Radde, im Juni, gefangen.

237. **Hadena splendens.** Hübn.

Samml. europ. Schmett. Noct. fig. 400.

Am unteren Ussuri von Maack, im Juni, gefunden.

238. **Hadena thalassina.** Naturf.

Treitsch. Suppl. Ochsenh. Schmett. v. Europ. V. 1. p. 342.

In Dahurien von Radde, im Juni, gefangen.

239. **Cleantha intermedia.** Brem. — Tab. V. Fig. 13.

Bull. de l'Acad. 1861. Tom. III.

Thorax oliraceus lateribus albis; abdomen canescens.

Alae anticae supra cano-et albido-radiatae margine anteriore griseo, macula reniformi dilute olivacea, albo-cincta strigulamque albam includente; vitta media olivacea, marginem posteriorem versus latissima, maculam reniformem dimidio includente; punctis quinque, loco lineae transversae posterioris, nigris; strigis longitudinalibus tribus atris: prima a basi ad medium alae ducta (vittam olivaceam determinante), secunda ad marginem interiorem, tertia (antice albo-marginata) a macula reniformi marginem posteriorem versus ducta; maculis sagittalis quatuor atris ante marginem posteriorem; ciliis olivaceis, dentibus elongatis sex albis interruptis; — alae posticae cinereae lunula media margineque posteriore, albido-ciliato, nigris.

Alae anticae subtus fuscae, posticae albidae macula media nigra; alae omnes serie punctorum nigrorum (loco lineae arcuatae) notatae et extra hanc seriem rufo-tinctae. 32 m.

Neben *Perspicillaris* stehend, ist unsere Species doch auffallend von derselben verschieden. Der Vorderrand ist von der Wurzel aus breit hellgrau gefärbt, am Rande selbst ins Dunkelgraue übergehend, aber nicht purpurfarbig übergossen wie bei *Perspicillaris*. Der schwarze Längsstreifen der Basis biegt sich nicht vor der Nierenmackel nach dem Innenrande zu, sondern verläuft ganz gerade, wodurch der dunkle Zahn vor dieser Mackel eine ganz andere Form erhält und viel kleiner und bestimmter begrenzt ist; der schwarze, vorn weiss eingefasste Längsstreif, welcher von der Nierenmackel nach aussen läuft, ist von dem dunklen Felde eingeschlossen, bei *Perspicillaris* aber begrenzt er dieses Feld; ausserhalb der Nierenmackel, gegen den Vorderrand, befinden sich drei schwarze Punkte, bei *Perspicillaris* dagegen nur ein einziger, während gegen den Innenrand zu zwei Punkte vorhanden sind wie bei *Perspicillaris*. Am Aussenrande hat unsere Species oben zwei, in der Mitte drei weisse Zähne, *Perspicillaris* dagegen im Ganzen zwei. Der weisse, dunkel eingefasste Basalzahn am Innenrande fehlt hingegen unserer Species gänzlich.

Am Kengka-See von Maack, Anfang August, entdeckt.

240. **Cucullia perforata**. Brem. — Tab. V. Fig. 14.
Bull. de l'Acad. 1861. Tom. III.

Corpus griseum abdomine dilutiore.

Alae anticae supra cinereae, fuscescenti-variae, linea basali longitudinali maculaque ante maculam orbicularem nigris; maculis ordinariis fuscis albido-cingulatis; macula cana in area media; linea transversa posteriore undulata; area postica cana striolis in cellulis prima, quarta, sexta et septima lunulisque marginalibus parvis nigris; — alae posticae albido-cinereae margine exteriore late nigricanti, ciliis albidis.

Alae anticae subtus nigricantes, posticae sicut pagina superior. 38 m.

Diese Species steht dem Weibchen von *Gnaphalii* am nächsten, die runde Mackel ist aber fast viereckig, vor derselben liegt ein schwarzer Fleck; von diesem Flecke aus beschreibt die erste Querlinie zwei scharfe einfache Zähne (nicht doppelte wie bei *Gnaphalii*), der erste Zahn ist durch einen weissen Keilfleck nach aussen eingefasst, ähnlich wie bei *Abrotani* W. V. Hinter der äusseren Querlinie am Vorderrande ein Paar schwarze Striche, wie bei *Abrotani*. Das Saumfeld ganz hellgrau und schliesst nur die schwarzen Längsstreifen ein, aber keinen weiteren Schatten vor den Fransen, wie es fast bei allen übrigen *Cucullien* dieser Abtheilung der Fall ist.

Von Maack am Ussuri, oberhalb der Ema, Mitte Juli gefangen.

241. **Heliothis marginata.** Fabr.
Treitsch. Suppl. Ochsenh. Schmett. v. Europ. V. 3. p. 232.
Im Bureja-Gebirge von Radde, im Juli, gefangen.

242. **Leocyma albonitens.** Brem. — Tab. V. Fig. 15.
Acontia albonitens. Brem. Bull. de l'Acad. 1861. Tom. III.
Corpus niveum apice palporum nigricanti.
Alae omnes utrinque saturate niveae, nitidae; anticae punctis 3 — 7 nigris ante cilia, magis minusve obsoletis. 26 — 30 m.
Dieses Thierchen, vom schönsten weissen Atlasglanze, hat keine andere Zeichnung als die schwarzen Punkte am Aussenrande, welche mit unbewaffnetem Auge kaum zu bemerken sind.

243. **Erastria atratula.** W. V.
Hübn. Samml. europ. Schmett. Noct. fig. 296.
In Dahurien von Radde, im Juni, gefangen.

244. **Erastria candidula.** W. V.
Hübn. Samml. europ. Schmett. Noct. fig. 295.
Am unteren Ussuri von Maack, im Juni, gefunden.

245. **Bankia argentula.** Esp.
Treitsch. Suppl. Ochsenh. Schmett. v. Europ. V. 3. p. 255.
Von Maack im Juni am unteren Ussuri gefangen.

246. **Hydrebia uncana.** Linn.
Unca. Hübn. Samml. europ. Schmett. Noct. fig. 293.
Im Bureja-Gebirge von Radde, Ende Mai und Anfang Juni gefangen.

247. **Glaphyra atomosa.** Brem. — Tab. V. Fig. 16.
Bull. de l'Acad. 1861. Tom. III.
Corpus albidum.
Alae supra albae, magis minusve fuscescenti-conspersae.
Alae anticae supra liniis ordinariis fuscis indistinctis; posticae macula media obsoleta.
Alae anticae subtus fuscescentes ciliis albis; — posticae albae, marginem anteriorem versus fusco-conspersae maculaque media fusca. 5 — 7 m.
Gewissen *Acidalien* nicht unähnlich, mehr oder weniger bräunlich bestaubt, wodurch die innere und äussere Querlinie auch mehr oder weniger deutlich hervortreten; doch ist die äussere Querlinie stets sichtbar und ebenso die Wellenlinie.
Oberhalb der Ema, Mitte Juli, von Maack entdeckt.

248. **Eriopus pteridis.** Fabr.
Hübn. Samml. europ. Schmett. Noct. fig. 65.
Von Radde im Bureja-Gebirge, im Juni, gefangen.

249. **Dianteuia virgo.** Treitsch.
Suppl. Ochsenh. Schmett. v. Europ. X. 2. p. 130.
Herr.-Schäff. Schmett. v. Europ. Noct. 248. 249.
Am unteren Ussuri, im Juni, von Maack gefangen.

250. **Plusia cheiranthi.** Tausch.
Eugenia. Eversm. Bull. de Mosc. 1841. p. 32. Pl. 3. fig. 3. 4.
Am Sungatscha, Ende Juli, von Maack gefangen.

251. **Plusia uralensis.** Eversm.
Bull. de Mosc. 1842. III. p. 558.
Herr.-Schäff. Schmett. v. Europ. Noct. p. 440. Tab. 53. fig. 268.
An der Schilka, im Juni, von Radde gefangen.

252. **Plusia Zosimi.** Hübn.
Samml. europ. Schmett. Noct. fig. 651.
Oberhalb der Ema und am Sungatscha, im Juli, von Maack gefangen.

253. **Plusia chrysitis.** Linn.
Hübn. Samml. europ. Schmett. Noct. fig. 272 et 662. 663.
Am Sungatscha, im Juli, von Maack gefangen.

254. **Plusia orichalcea.** Fabr.
Hübn. Samml. europ. Schmett. Noct. fig. 278.
Oberhalb der Ema, Mitte Juli, von Maack gefangen.

255. **Plusia bractea.** W. V.
Hübn. Samml. europ. Schmett. Noct. fig. 279.
Am Sungatscha, von Maack, im Juli, gefangen.

256. **Plusia festucae.** Linn.
Hübn. Samml. europ. Schmett. Noct. fig. 277.
Am Sungatscha, im Juli, von Maack gefangen.

257. **Plusia macrogamma.** Eversm.
Bull. de Mosc. 1842. p. 554.
Herr.-Schäff. Schmett. v. Europ. Noct. 266.
Im Apfelgebirge, von Radde, im Juli gefangen.

258. **Plusia circumflexa.** W. V.
Hübn. Samml. europ. Schmett. Noct. fig. 285.
Am unteren Ussuri, von Maack, im Juni gefangen.

259. **Plusia ain.** Esp.
Hübn. Samml. europ. Schmett. Noct. fig. 290.
An der Nordseite des Baikal-Sees und am Onon von Radde, im Juli gefangen.

260. **Calpe thalictri.** Borkh.
Hübn. Samml. europ. Schmett. Noct. fig. 25.
Im Bureja-Gebirge von Radde, oberhalb der Ema und am Sungatscha von Maack gefangen. Flugzeit: Juli.

261. **Gonoptera libatrix.** Linn.
Hübn. Samml. europ. Schmett. Noct. fig. 436.
Im Bureja-Gebirge von Radde, am Sungatscha von Maack, im Juli, gefangen.

262. **Amphipyra pyramidea.** Linn.
Hübn. Samml. europ. Schmett. Noct. fig. 36.
Im Bureja-Gebirge von Radde, am Sungatscha von Maack im Juni gefangen.

263. **Amphipyra Schrencki.** Ménétr.
Schrenck's Reise im Amur-Lande II. Lepid. p. 61. Tab. V. Fig. 3.
Im Bureja-Gebirge von Radde, zwischen dem Noor und der Ema von Maack, im Juli, gefangen.

264. **Amphipyra livida.** W. V.
Hübn. Samml. europ. Schmett. Noct. fig. 38.
Im Bureja-Gebirge von Radde, am Sungatscha von Maack, im Juli, gefangen.

265. **Nyssocnemis Eversmanni.** Led.
Verh. des zool.-bot. Ver. in Wien. 1853. p. 369. Tab. 3. fig. 1.
Ocrsn. Eversm. Bull. de Mosc. 1846. III. p. 86. Tab. 2. fig. 2.
Herr.-Schäff. Schmett. v. Europ. fig. 629.
Von Radde an der Ussuri-Mündung, im Juli, gefangen.

266. **Spintherops cataphanes.** Hübn.
Samml. europ. Schmett. Noct. fig. 558. 559.
Am Kengka-See, Anfang August, von Maack gefangen.

267. **Toxocampa viciae.** Hübn.
Samml. europ. Schmett. Noct. fig. 664. 665 et 671 — 673.
Im Bureja-Gebirge von Radde, am unteren Ussuri von Maack, im Juni, gefunden.

268. **Toxocampa lusoria.** Hübn.
Samml. europ. Schmett. Noct. fig. 319.
In Dahurien von Radde, oberhalb der Ema von Maack gefangen.

269. **Toxocampa maxima.** Brem. — Tab. V. Fig. 17.
Bull. de l'Acad. 1861. Tom. III.

Thorax griseus collari atro-brunneo; abdomen flavescenti-cinereum.
Alae anticae supra griseae, strigulis brunneis conspersae, puncto minutissimo loco macularis orbicularis maculaque reniformi atris; lineis transversis ordinariis brunneis, basali dimi-

dicta, anteriore subrecta et posteriore obsoleta; umbra media externe angulum formante et maculam reniformem attingente; spatio submarginali obscuriore nervis dilutioribus lineaque transversa distincta, dilute cinerea; macula marginis anterioris magna brunnea inter hanc lineam et lineam transversam posteriorem sericeque macularum nigrarum ante cilia; — alae posticae flavescenti-sordidae fascia marginali lata nigra sericeque lunularum nigrarum ante cilia.

Alae subtus flavidae fascia submarginali communi atra; anticae in medio fuscescentes, posticae puncto medio nigro. Mas. 48. fem. 54 m.

Diese Species ist weit grösser als alle europäischen *Toxocampen*. In der Färbung ähnlich der *T. Lusoria*, die Linien dunkler und deutlicher ausgesprochen, die halbe Linie, so wie die erste ganze laufen vom Vorderrande fast gerade auf den Innenrand zu. Das Saumfeld ist braun, nach dem Innenrande zu heller; die Wellenlinie zeichnet sich auf dem dunklen Grunde sehr deutlich ab und ist ganz anders geschwungen als bei *T. Lusoria*. Die Randbinde der Hinterflügel ist breiter und schräger.

Die Unterseite der Flügel ist gelber als bei *T. Lusoria* und auch hier sind die Binden sowohl breiter als schwärzer.

Bei Blagoweschtschensk und am Ussuri von Radde, oberhalb der Ema bis zum Kengka-See von Maack gefangen. Flugzeit: Mitte Juli bis Anfang August.

270. **Bolina Maximowiczi.** — Tab. IV. Fig. 12.
B. flavomaculata. Brem. Bull. de l'Acad. 1861. Tom. III.

Thorax flavescenti-cinereus; abdomen griseum.

Alae anticae supra fuscae, cano-variae, area basali fusco-nigra, plaga basali maculaque ad marginem interiorem canis; fascia a margine anteriore ad marginem interiorem ducta, canescenti, in cellula media punctum nigrum loco maculae orbicularis includente; macula reniformi maxima, grisea, in area nigro-fusca; margine posteriore canescenti; alae posticae nigro-fuscae plaga media magna maculaque anguli anterioris subrotunda flavis, vitta anguli ani sordide flava.

Alae anticae subtus flavae margine anteriore et posteriore sordide fuscis fasciaque media nigro-fusca; alae posticae fuscescentes plaga magna (paginae superioris) sordide flava. 45 m.

In der Grösse und Färbung der *Darecta hesperica* Herr.-Schäff. ähnlich. In der Zeichnung der Vorderflügel ist grosse Uebereinstimmung mit *Caylino* vorhanden, doch ist die Querlinie, welche das Basalfeld begrenzt, stärker gebuchtet und doppelt; die darauf folgende hellgraue Binde schliesst einen schwarzen Punkt ein, welcher die Stelle der Ringmackel einnimmt; der äussere Rand dieser grauen Binde ist weit schräger als bei *Caylino*, die Wellenlinie hat in der Mitte einen vorspringenden Zahn nach aussen.

Wie in der Diagnose angegeben, weichen die Hinterflügel von denen der übrigen *Bolinen* in der Färbung ganz ab und sind denen der *Hesperica* ähnlich.

Diese schöne Art wurde von Hrn. Maximowicz, Reisenden des botanischen Gartens in St. Petersburg, eingesandt, und ist dieselbe von ihm am Amur oberhalb Kusnezowka am 19. Juni entdeckt worden.

271. **Catocala fraxini.** Linn.
Hübn. Samml. europ. Schmett. Noct. fig. 327.
Am Kengka-See von Hrn. Rotschew, im Juli, gefangen.

272. **Catocala Lara.** Brem. — Tab. IV. Fig. 13.
Bull. de l'Acad. 1861. Tom. III.

Corpus subtus flavescenti-album, supra thorace cano, abdomine cinereo.

Alae anticae supra canae, nigrescenti-nebulosae, olivaceo-intermixtae, striga transversa anteriore et posteriore distinctis, striga undulata saepe obsoleta, umbra media lata nigra, maculam reniformem includente, lunulisque ante cilia nigris extra albo-marginatis; — alae posticae nigrae, basi cinereo-fusco-pilosae, fascia media, macula elongata anguli anterioris ciliisque nigro-interruptis flavescenti-albis.

Alae anticae subtus nigrae flavescenti-albo-bifasciatae; — posticae flavescenti-albae, fascia media et marginali nigris, macula anguli anterioris ciliisque nigro-interruptis flavescenti-albis.
60 — 80 m.

Diese Species ist der nordamerikanischen *Cerogama* sehr nahe verwandt, doch sind die Vorderflügel nicht so gelblich wie bei dieser, sondern mehr weisslich grau. Die äussere Querlinie ist ganz anders gezahnt; bei *Cerogama* ist dieselbe nämlich so wie bei *Fraxini*, bei unserer Species aber hinter dem hervorspringenden Doppelzahn weit nach innen gebogen, noch weiter als bei *Electa*. Die Hinterflügel sind an der Wurzel aschgrau behaart, aber nicht gelblich wie bei *Cerogama*; ebenso sind die Mittelbinde und der Fleck am Aussenwinkel viel breiter und nicht so gelb, sondern fast weiss.

Auf der Unterseite ist die äussere Binde der Vorderflügel gleichfalls breiter und heller als bei der americanischen Species, die schwarze Binde der Hinterflügel ist schmäler, erreicht den Innenrand nicht (wie es bei *Cerogama* der Fall ist) und befindet sich auf einer viel helleren Grundfläche.

Im Bureja-Gebirge von Raddo entdeckt. Flugzeit: Ende Juli und Anfang August.

273. **Catocala adultera.** Menetr.
Menetr. Etud. entom. de Motschulsky 1856. p. 47.
Am Kengka-See von Maack, Anfang August, gefangen.

274. **Catocala electa.** Borkh.
Hübn. Samml. europ. Schmett. Noct. fig. 331.
Am Sungatscha, Ende Juli, von Maack gefangen.

275. **Catocala Dula.** Brem. — Tab. IV. Fig. 14.
Bull. de l'Acad. 1861. Tom. III.

Thorax nigricanti-griseus, abdomen cinereum.

Alae anticae supra nigricanti-griseae, viridescenti-suffusae, macula reniformi obsoletissima, macula sub hac distinctiore, nigro-cincta, lineis ordinariis distinctis serieque marginali punctorum nigrorum, extra albido-marginatorum.

Alae posticae coccineae, prope marginem anteriorem flavescentes, fascia trisinuata fasciaque marginali lata, intus bisinuata, nigris, ciliis albis nigro-interruptis vittaque anguli antici alba, non interrupta.

Alae anticae subtus nigrae fasciis duabus albis: prima obliqua, abbreviata; — alae posticae nigrae margine interiore coccineo, basi alba, cano-suffusa, lunulam nigram includente, fasciaque posteriore alba, cum margine interiore confluente; cilia sicut pagina superiore. 64 m.

Unsere neue Art steht der *Sponsa* am nächsten, die Oberseite der Vorderflügel ist aber dunkler und von einem olivengrünen Schimmer ganz überzogen. Die Nierenmackel ist ganz verloschen. Auf den Hinterflügeln ist das Roth brennender, mit einer Beimischung von Carmin, und geht gegen den Vorderrand ins Gelbliche über. Der grösste Unterschied zeigt sich aber auf der Unterseite der Flügel: hier befinden sich die viel breiteren, rein weissen Binden der Vorderflügel auf schwarzem Grunde. Die Hinterflügel sind an der Wurzel mit bläulich grauem Anfluge; in diesem Felde liegt der schwarze Halbmond, welcher von der darauf folgenden schwarzen Binde durch einen weissen Fleck getrennt ist. Der rothe Innenrand ist viel schmäler als bei *Sponsa*, die Mittelbinde rein weiss und breiter als bei dieser, und vereinigt sich am Innenwinkel mit dem rothen Innenrande.

Von Radde im Bureja-Gebirge, Ende Juli, entdeckt.

276. **Catocala amata.** Brem.
   Beitr. zur Fauna des nördl. China's. p. 19.

In der Zeichnung der Vorderflügel mit den Pekingschen Exemplaren übereinstimmend, in der Färbung aber viel mehr gelblich braun. Die Hinterflügel der Pekingschen Stücke haben nur zwei gelbliche Flecke am Aussenrande (der eine am Aussenwinkel, der andere am Innenwinkel), während die uns vorliegenden Exemplare vom Ussuri eine vollkommene, nur in der Mitte kaum unterbrochene, gelbe Binde vor dem Aussenrande haben.

An der Mündung des Noor, Ende Juni, von Maack gefangen.

277. **Catocala dissimilis.** Brem. — Tab. IV. Fig. 15.
   Bull. de l'Acad. 1861. Tom. III.

Corpus griseum.

Alae anticae supra fusco-griseae umbra media obliqua, in area albida posita maculamque reniformem includente, linea transversa posteriore distincta, reliquis obsoletis; — alae posticae nigrae, fascia media subdilutiore maculaque anguli antici alba.

Alae subtus nigrae, anticae fasciis duabus (anteriore abrupta) apiceque extremo, posticae fascia media angulaque antico albis. 47 m.

Diese eigenthümliche *Catocala* ist schwer mit einer der bekannten zu vergleichen. Die Oberseite der Vorderflügel ist dunkelgrau; in der Mitte des Flügels, den Vorderrand berührend, liegt ein grosses weissliches Feld, durch welches sich ein grauer schräger, die Nierenmackel einschliessender Schatten, bis zur äusseren Querlinie hinzieht; diese letztere ist allein deutlich und wie bei *Conversa* gezahnt. Die schwarzen Hinterflügel führen eine ganz verloschene Mittelbinde, welche sich kaum von der Grundfarbe abzeichnet, und ausserdem einen grossen, weissen Fleck am Aussenwinkel.

Die Unterseite der Flügel ist schwarz, mit der gewöhnlichen halben und ganzen weissen Binde der *Catocala*-Arten, und einem weissen Fleck an der Flügelspitze. Auf den Hinterflügeln ist die verloschene Binde der Oberseite deutlich und weiss, der grosse weisse Fleck am Aussenwinkel ist auch hier vorhanden.

Von Radde aus dem Bureja-Gebirge gebracht.

278. **Agnomonia juvenilis.** Brem. — Tab. V. Fig. 18.
Bull. de l'Acad. 1861. Tom. III.

Alae nigrae fascia ciliorumque dimidio anteriore albis; fascia alarum anticarum obliqua ab angulo interno ad marginem anteriorem, posticarum abbreviata ab angulo ani angulum anteriorem versus ducta. 35 m.

Dieses einfach gefärbte Thier steht zunächst *Anilis* aus Nord-America. Auf schwarzem Grunde führt jeder Flügel eine weisse Binde; die der Vorderflügel fängt etwas hinter der Mitte des Vorderrandes schmal an, erweitert sich aber bald, indem sie nach aussen einen Winkel bildet, und läuft dann, sich allmählich wieder verjüngend, bis zum Innenwinkel; die Binde der Hinterflügel beginnt am Innenwinkel und läuft, sich etwas erweiternd, gerade auf den Aussenwinkel zu, erstreckt sich indessen nur wenig über die Mitte des Flügels.

Im Bureja-Gebirge von Radde, am unteren Ussuri von Maack gefangen. Flugzeit: Mitte Mai bis Ende Juni.

279. **Euclidia mi.** Linn.
Hübn. Samml. europ. Schmett. Noct. fig. 346.

Im Bureja-Gebirge von Radde, am unteren Ussuri von Maack, im Juni, gefangen.

280. **Euclidia glyphica.** Linn.
Hübn. Samml. europ. Schmett. Noct. fig. 347.

In Dahurien, am Onon und im Bureja-Gebirge von Radde im Juni und Juli gefangen.

281. **Euclidia cuspidea.** Hübn.
Zutr. fig. 69. 70.

Im Bureja-Gebirge von Radde Ende Mai gefangen.

282. **Remigia ussuriensis.** Brem. — Tab. V. Fig. 19.
Bull. de l'Acad. 1861. Tom. III.

Alae griseae, pallido-fasciatae et fusco-striatae.

Alae anticae supra fascia transversa basali dilute cinerea, strigis fuscis marginata; puncto submedio nigro, umbra media recta a margine anteriore ad marginem interiorem ducta; fascia lata dilute flavescenti-cinerea lineam transversam posteriores includente; striga submarginali arcuata griseo-flava ab apice ad angulum interiorem ducta, intus linea nigra marginata, serieque punctorum nigrorum ante cilia; — alae posticae striga media obsoleta strigaque dilutiore submarginali.

Alae subtus griseae, anticae punctis nigris duobus, altero post alterum basim versus positis, fasciisque duabus strigis fuscis marginatis dimidii exterioris dilutis; — alae posticae strigis arcuatis tribus fuscis. 40 m.

Die Grundfarbe aller Flügel ist grau. Auf den Vorderflügeln zieht sich nicht weit von der Wurzel die erste helle, durch dunkle Linien eingefasste Binde ziemlich gerade vom Vorder- zum Innenrande, dann folgt ein schwarzer Punkt in der Mittelzelle und hierauf ein dunkler Schatten, der, ungefähr durch die Mitte des Flügels laufend, sich vom Vorder- bis zum Innenrande erstreckt. Die darauf folgende helle, gelblich graue Binde nimmt die ganze äussere Hälfte des Vorderrandes ein und verjüngt sich stark nach dem Innenrande zu, wo sie, das dritte Viertel desselben einnehmend, endigt. Diese Binde ist innen ganz geradlinig durch den erwähnten Querschatten begrenzt, aussen aber ist dieselbe sehr stark ausgezackt; in dieser Binde liegen am Vorderrande drei dunkle Flecke und auch die äussere zackige Querlinie wird von derselben eingeschlossen. Das graue Saumfeld wird, wie bei den meisten übrigen Gattungsgenossen, von einem hellen, gelblichen Streifen durchzogen, welcher, von der Flügelspitze zum Innenwinkel laufend, zwei flache Bogen bildet und nach innen durch eine schwarze Linie begrenzt ist; am Aussenrande befindet sich die gewöhnliche schwarze Punktreihe.

Die grauen Hinterflügel sind an der Wurzel am dunkelsten; sie sind in der Mitte von einer kaum bemerkbaren, wellenförmigen Linie durchzogen; gegen den Aussenrand durchläuft die Flügel ein hellgrauer Querstreif, welcher sich vom Aussenwinkel zum Innenwinkel fast geradlinig erstreckt.

Die Unterseite der Flügel ist grau. Die Vorderflügel mit zwei schwarzen Punkten, von welcher der erste nicht weit von der Wurzel steht, der äussere aber dem Punkte auf der Oberseite entspricht. Die äussere Hälfte der Flügel wird von zwei hellen Binden durchzogen, von denen die innere, breitere, von fast geraden Linien, die äussere von dunklen Wellenlinien eingefasst wird. Durch die Hinterflügel laufen drei, nach innen kleine Bogen bildende, dunkle Linien.

Am Ussuri, oberhalb der Ema-Mündung, Mitte Juli, von Maack gefangen.

283. Hypena proboscidalis. Linn.
Hübn. Samml. europ. Schmett. Pyral. fig. 7.

Am unteren Ussuri, im Juni, von Maack gefangen.

284. Hypena tripunctalis. Brem. — Tab. V. Fig. 20.
Palpi porrecti thorace subbreviores.

Alae anticae supra griseae fusco-irroratae, plaga magna mediana fusca marginem anteriorem attingente punctaque duo nigra includente; puncto ad basim seriaque punctorum submarginalium nigris; vitta curvata apicali fusca; — alae posticae grisescentes.

Alae subtus albido-grisescentes nervis obscurioribus; anticae medio fuscae, apice brunnescenti, posticae puncto mediano nigro strigaque submarginali obsolete fusca. 32 m.

Der allgemein bekannten *Palpalis* am nächsten stehend, von derselben indessen sehr abweichend. Die Grundfarbe ist grau mit einem schwachen grünlichen Anfluge, nicht bräunlich wie bei *Palpalis;* in der Mitte des Vorderrandes liegt ein schwärzlich brauner, beinahe viereckiger Fleck, welcher die beiden Mittelflecke einschliesst; die innere Querlinie fehlt ganz, den Anfang der äusseren aber zeigt die Grenze des dunklen grossen Mittelflecks an; zuweilen liegt noch ein schwarzer Punkt an der Basis. Die schwarze Fleckenreihe vor dem Aussenrande ist aussen nicht weiss gerandet wie bei *Palpalis,* der dunkle Wisch an der Flügelspitze ist schräger als bei dieser und biegt sich dem Vorderrande zu.

Von Maack am Ussuri, zwischen dessen Mündung und dem Noor, in der letzten Hälfte des Juni entdeckt.

285. **Hypena Kengkalis.** Brem. — Tab. V. Fig. 21.

Alae anticae supra cinereae, area postica canescenti-suffusa; striga anteriore strigaque posteriore obliqua, a margine anteriore (prope apicem) ad medium marginis interioris ducta, flavescenti-fuscis, hac extrinsecus albo-marginata; puncto, in strigam anteriorem posito, lunula media sericeque punctorum submarginalium nigris; — alae posticae griseecentes lunula media fusca.

Alae anticae subtus griseae lunula media obscuriore; — posticae albicantes fusco-irroratae, puncto medio minuto fusco. 29 — 32 m.

Die Flügel auf der Oberseite grau, die äussere Querlinie viel schräger als bei allen bekannten europäischen Arten; das Mittelfeld, besonders an der äusseren Querlinie, weisslich grau angeflogen; vor den Fransen eine feine dunkle, aussen heller eingefasste Linie; die Fransen bräunlich. Die grauen Hinterflügel haben gleichfalls eine hellgelbliche Linie vor den Fransen.

Von Maack am Kengka-See, Anfang August, gefangen.

286. **Rivula sericealis.** W. V.
Hübn. Samml. europ. Schmett. Pyral. fig. 56.

Oberhalb der Ema und am Sungatscha von Maack im Juli gefangen.

287. **Nephronia emortualis.** W. V.
Hübn. Samml. europ. Schmett. Pyral. fig. 1.

Am Sungatscha, im Juli, von Maack gefangen.

288. **Simplicia rectalis.** Eversm.
Bull. de Mosc. 1842. — Herr.-Schäff. Schmett. v. Europ. Noct. fig. 600.

Im Bureja-Gebirge von Radde, am Sungatscha von Maack, im Juni und Juli gefangen.

289. **Herminea derivalis.** Hübn.
Samml. europ. Schmett. Pyral. fig. 49.

Von der Ussuri-Mündung bis oberhalb der Ema von Maack, im Juni und Juli gefangen.

290. **Herminea tarsipennalis.** Tr.
    Herr.-Schäff. Schmett. v. Europ. Noct. fig. 604 et 610.
Im Bureja-Gebirge von Radde, am unteren Ussuri von Maack im Mai und Juni gefangen.

291. **Herminea grisealis.** W. V.
    Hübn. Samml. europ. Schmett. Pyral. fig. 4.
Zwischen Noor und Ema von Maack, Ende Juni, gefangen.

292. **Herminea tarsiplumalis.** Hübn.
    Samml. europ. Schmett. Pyral. fig. 125.
Oberhalb der Ema von Maack Mitte Juli gefangen.

293. **Herminea crinalis.** Hübn.
    Dup. Lép. de France. VIII. p. 34. Pl. 211. fig. 7.
Oberhalb der Ema, Mitte Juli, von Maack gefangen.

294. **Herminea gryphalis.** Herr.-Schäff.
    Schmett. v. Europ. Noct. p. 385. fig. 601. 602.
Im Bureja-Gebirge von Radde, an der Ema von Maack, im Juli gefangen.

295. **Herminea stramentacealis.** Brem. — Tab. V. Fig. 22.
Palpi recurvi; — alae anticae supra dilute fuscescenti-stramentaceae fusco-adspersae, ciliis fuscis; striga anteriore subcurvata, posteriore dentato-flexuosa; striga submarginali undulata umbraque media a margine anteriore ad marginem interiorem ducta (lunulam mediam includente) fuscis; — alae posticae dilute stramentaceae strigis transversis duabus fuscis. 20 — 22 m.

Im Vergleich mit *Grisealis* ist unsere Species kleiner, der Vorderrand gerader, der innere Querstreif nach aussen gebogen, der äussere bildet am Vorderrande erst einen Zahn nach aussen und zieht sich dann, gekrümmt in Form eines umgekehrten S, zum Innenrande. Der Streif vor dem Aussenrande entspringt nicht aus der Flügelspitze selbst, sondern etwas davon entfernt, und läuft, eine Wellenlinie beschreibend, zum Innenrande. Ein deutlicher Mittelschatten verbindet Vorder- und Innenrand und schliesst den Mittelmond ein.

Am Kengka-See Anfang August von Maack gefangen.

296. **Herminea trilinealis.** Brem. — Tab. V. Fig. 23.
*Palpi recurvi; — alae supra cinereae, fusco-irroratae, striga communi submarginali dilute flavescenti, antice fuscescenti-marginata, punctisque (vel striolis) nigris inter nervos ante lineam marginalem flavescentem.
Alae anticae lineis fuscis tribus: anteriore undulato-curvata, media subrecta et posteriore sinuata; puncto, loco maculae orbicularis, punctisque duobus minutis (altero sub altero positis), loco maculae reniformis, fuscis; — dimidium basale alarum posticarum lineis transversis duabus obsoletissimis.*

Alae subtus lutescenti-albidae, fuscescenti-conspersae, striga communi lineisque transversis paginae superioris obsoletis; alae anticae disco fuscescenti. 25 — 27 m.

Unsere neue Art hat einige Aehnlichkeit mit *Tarsipennalis*, ist aber kleiner und zeichnet sich auf den ersten Blick durch den gemeinschaftlichen Querstreifen aus, welcher ganz wie bei *Sophronia emortualis* gebildet und gefärbt ist.

Von Maack am unteren Ussuri in der letzten Hälfte des Juni gefangen.

297. Herminia albomacularis. Brem. — Tab. V. Fig. 24.

Palpi porrecti thorace longiores.

Alae anticae supra flavae striga anteriore a margine anteriore ad medium marginis interioris ducta, striga posteriore obliqua subdirecta, postice late violaceo-marginata, lineaque undulata obsoleta fuscis; macula orbiculari distincta alba lunulaque fusca loco maculae reniformis; — alae posticae cinerascentes dimidio basali dilutiore, striga transversa fusca.

Alae subtus flavescenti-albidae linea subdiscoidali communi fusca; anticae area postica grisescenti, posticae puncto discoidali fusco. 21 m.

Der Form nach steht diese Species der *Gryphalis* am nächsten, ist aber kleiner. Der Aussenrand der Vorderflügel ist noch mehr ausgeschweift. In der Zeichnung weicht unsere Art von allen bekannten europäischen *Herminien* so sehr ab, dass sie für sich eine eigene Abtheilung zu bilden berechtigt scheint, indem sowohl der Verlauf der beiden Querlinien, welche sich am Innenrande fast berühren, als auch die weisse Ringmackel dafür sprechen.

Am Ussuri oberhalb der Ema-Mündung von Maack, Mitte Juli, entdeckt.

298. Helia calvarealis. W. V.

Hübn. Samml. europ. Schmett. Pyral. fig. 23.

Im Bureja-Gebirge von Radde, zwischen Noor und Ema von Maack, im Juni und Juli, gefangen.

299. Pyralis glaucinalis. Linn.

Tr. Schmett. v. Europ. Pyral. p. 149 et Suppl. p. 31.

Im Bureja-Gebirge von Radde Anfang Mai, am Sungatscha von Maack im Juli gefangen.

300. Pyralis regalis. W. V.

Hübn. Samml. europ. Schmett.-Pyral. fig. 105.

Anfang Juli zwischen Noor und Ema von Maack gefangen.

301. Rhodaria flavofascialis. Brem. — Tab. VI. Fig. 1.

Alae supra dilute purpureae linea nigra ante cilia, fascia communi, in alis anticis postice indistincte determinata, dilute flava.

Alae anticae costa tenuiter nigra, punctis dilute flavis interrupta, lineaque duplici submarginali fusca.

Alae subtus sicut pagina superior sed anticae sine fascia, posticae fascia dilute flava, linea duplici fusca postice marginata. 16 — 17 m.

Gestalt und Grösse von *Sanguinalis*, fast von allen europäischen Arten der Gattung *Rhodaria* indessen so abweichend, dass kaum ein Vergleich anzustellen ist. Am Kengka-See, Anfang August, von Maack entdeckt.

302. **Rhodaria olivacealis.** Brem. — Tab. VI. Fig. 2.

Alae anticae supra sordide olivaceae, costa tenuiter nigra punctis albidis notata, linea undulata duplici fusca ante fasciam purpurascentem marginis posterioris, ciliis luteis antice et medio purpurascentibus; — alae posticae sordide purpurascentes margine posteriore late purpurascenti-suffusae, linea anteriore duplici undulata fusca.

Alae subtus fuscescentes; anticae striga submarginali subdentato-sinuata albida utrinque fusco-marginata, spatio marginis posterioris violacescenti-suffuso; — posticae striga basali strigaque posteriore intus albida fuscis, marginoque posteriore late violaceo-suffuso. 18 m.

In der Gestalt ähnlich mit *Nemoralis*, aber kleiner und in der Färbung sehr verschieden; die Unterseite ähnlich der vorigen Art.

Von Maack am Ussuri, zwischen dem Noor und der Ema, Ende Juni gefangen.

303. **Herbula scutulalis.** Hübn.

Samml. europ. Schmett. Pyral. fig. 156.

In Dahurien, im Juli, von Radde gefangen.

304. **Ennychia luctualis.** Hübn.

Samml. europ. Schmett. Pyral. fig. 88.

Im Bureja-Gebirge von Radde, am unteren Ussuri von Maack, im Juni, gefunden.

305. **Ennychia octomaculalis.** Linn.

Dup. Lép. de France. Pyral. p. 218. Pl. 226. fig. 4.

An der Schilka, im Mai, von Radde gefangen.

306. **Oligostigma vittalis.** Brem. — Tab. VI. Fig. 3.

Alae anticae supra ochraceae albo-rittatae et fasciatae, costa ad basim cerrinescenti, vitta costali late alba, dimidium costae superante, partim fusco-adspersa et punctum costale punctaque duo (loco maculae reniformis) nigra includente; vitta altera longitudinali, postice arcuata, costam attingente, fasciaque submarginali nitide albis, fusco-marginalis serieque punctorum nigrorum ante cilia.

Alae posticae dimidio basali albo, striga media strigaque posteriore fuscis; dimidio posteriore ochraceo, fascia submarginali tenuiter nigra, serieque punctorum nigrorum inter hanc lineam et fasciam albam; ciliis alarum omnium grisescentibus.

Alae subtus sicut pagina superiore, sed obsoletissimae. 18 m.

Unsere neue Species muss der von Walker beschriebenen *Obitalis* nahe stehen, welche uns leider nicht vorliegt. Bei der Art des Hrn. Walker muss aber wohl die weisse Farbe vorherrschend sein, bei unserer Species ist es die ockergelbe. Unsere *Vittalis* unterscheidet sich hauptsächlich von *Obitalis* durch die Färbung des äusseren Theils der Flügel. Walker sagt nämlich: «*linea marginali ochracea nigro extus marginata*», was aber von unserer Species nicht zu sagen ist, indem der Aussenrand der Vorder- wie der Hinterflügel breit ockergelb ist, mit einer weissen, schwarz eingefassten Binde, welche die Ränder nicht berührt. Die Vorderflügel führen eine schwarze Punktreihe vor den grauen Fransen, die Hinterflügel sind mit einer feinen schwarzen Linie, und noch vor dieser Linie, mit einer Reihe schwarzer Punkte (auf ockergelbem Grunde) bezeichnet. Auch fehlen der *Obitalis* die beiden sehr hervortretenden schwarzen Punkte an Stelle der Nierenmackel, von welchen der untere pfeilförmig ist.

Am Kengka-See, Anfang August, von Maack gefangen.

307. **Hydrocampa nymphaealis.** Linn.

Hübn. Samml. europ. Schmett. Pyral. fig. 85.

Von der Ussuri-Mündung bis oberhalb der Ema, im Juni und Juli, von Maack gefangen.

308. **Hydrocampa potamogalis.** Schrank.

Hübn. Samml. europ. Schmett. Pyral. fig. 82.

An der Nordseite des Baikal-Sees, im Juli, von Radde gefangen.

309. **Hydrocampa colonalis.** Brem. — Tab. VI. Fig. 4.

Alae supra dilute ochraceae strigis fuscis, striga anteriore curvata antice strigaque posteriore sinuata postice albo-marginalis, striga tertia submarginali.

Alae anticae punctis discoidalibus duobus albis nigro-cumulatis maculaque subrotundata fusca antice albo-marginata medio strigarum submarginalium disposita; — alae posticae punctis discoidalibus duobus nigris.

Alae subtus sicut pagina superiore sed dilutiores. 17 m.

Diese, in der Zeichnung, keiner bekannten nahe stehende Art wurde von Maack am Kengka-See, Anfang August, entdeckt.

310. **Margarodes nigropunctalis.** Brem. — Tab. VI. Fig. 5.

Alba; palpi, humeri et margo anterior alarum anticarum supra dilute cinnamomei.

Alae supra micantes subhyalinae striga submarginali obsoleta griseocenti sericea punctorum nigrorum ante cilia; alae anticae punctis quinque, posticae duobus nigris.

Alae subtus albae punctis paginae superioris minoribus, apice alarum anticarum griseocenti-suffuso. 32 m.

Die weissen Flügel dieses schönen Thierchens spielen bei gewisser Beleuchtung ins Hellrosenfarbige und Grünliche; von den fünf schwarzen Punkten der Vorderflügel liegen drei an dem hellbräunlichen Vorderrande (der dritte am Schlusse der Mittelzelle), der vierte unter dem dritten und der fünfte in Zelle 1ᵇ unter dem Ursprunge der Ader 2. Die Hinterflügel haben am Schlusse der Mittelzelle einen deutlichen, darüber einen verloschenen, fast mondförmigen, schwarzen Punkt.

Am Ussuri, oberhalb der Ema-Mündung von Maack, Mitte Juli, gefangen.

311. **Botyodes ussurialis.** Brem. — Tab. VI, Fig. 6.

Caput flavescens palpis fuscis; thorax flavescens humeris ferrugineo-fuscis; abdomen album apice flavescenti-fusco.

Alae supra flavescentes, posticae dilutiores, ciliis flavescenti-fuscis; fascia marginali (posticarum tenui) strigaque posteriore communi, sinuata, fuscis lineaque flavescenti ante cilia; — alae anticae striga anteriore, costa (saepe interrupta) maculaque costali subquadrata fuscis.

Alae subtus sicut pagina superiore, lineis transversis fasciaque marginali posticarum obsoletissimis. 30 — 31 m.

Diese rein tropische Form wurde von Maack in mehreren Exemplaren am Ussuri, oberhalb der Ema-Mündung, Mitte Juli, entdeckt.

312. **Botys fuscalis.** W. V.

Tr. Schmett. v. Europ. Pyral. p. 96 et Soppl. p. 21.

Cineralis. Fabr. — Hübn. Samml. europ. Schmett. Pyral. fig. 66.

Zwischen der Mündung des Noor und der Ema, Anfang Juli, von Maack gefangen.

313. **Botys tristrialis.** Brem. — Tab. VI. Fig. 7.

Corpus fuscum; abdomen albido-cingulatum.

Alae fuscae (in altero sexu dilutiores) supra striga posteriore communi sinuatissima, lunulam mediam attingente, strigaque anteriore anticarum, arcuata, nigricantibus. 28 m.

Der *Unitalis* Guen. nahe stehend, aber viel kleiner und die äussere Querlinie viel stärker gebogen. Die Fransen der Vorderflügel sind dunkel, die der Hinterflügel aber weisslich, und zwar nicht blos die äussere Hälfte wie bei *Unitalis*. Die weisslichen Ringe des Abdomen zeichnen unsere Species besonders aus.

Von Maack am Ussuri, vom Noor bis zum Kengka-See, gefangen, von Mitte Juni bis Anfang August.

314. **Botys basipunctalis.** Brem. — Tab. VI. Fig. 8.

Corpus flavescenti-albidum, thorax nigro-marginatus; abdomen flavescenti-nigroque-cingulatum, apice nigro maculaque nigra ante segmentum apicalem.

Alae flavescenti-albulae, nigro-nervosae et striatae, striga duplici ante cilia, anteriore distincta, posteriore obsoletissima; — alae anticae maculis basalibus 5 — 6 nigris, striga anteriore arcuata, posteriore submarginali sinuata et lunulata; annulis tribus in area media; — alae posticae strigis quatuor annulisque plus minusve distinctis tribus in medio.

Alae subtus sicut pagina superiore sed strigis annulisque dilutioribus. 30 — 36 m.

Sehr nahe mit *Bot. multilinealis* Guen. aus Ost-Indien verwandt, doch viel grösser. Das Abdomen von *Multilinealis* ist, nach Guenée, bräunlich beim Manne, beim Weibe mit gelblichen Einschnitten; bei unserer Species hat die Basis jedes Gliedes des Abdomen, auf der Oberseite, einen schwarzen Ring und hinter diesem einen gelben Anflug; die beiden letzten Glieder sind gelb, das vorletzte hat einen schwarzen Fleck und das letzte eine schwarze Spitze wie bei *Multilinealis*. Ferner hat unsere Species auf dem Thorax 8 schwarze Fleckchen, welche die *Multilinealis* zu fehlen scheinen, denn Guenée erwähnt nichts davon; *Multilinealis* soll ferner an der Basis der Vorderflügel zwei röthliche halbe Linien haben, unsere Species aber hat hier 5—6 schwarze Fleckchen. Die übrigen Zeichnungen scheinen bei beiden Arten gleich zu sein. Diese Beschreibung ist nach 50 unter sich ganz gleichen Exemplaren entworfen.

Im Bureja-Gebirge von Radde, von der Ussuri-Mündung bis oberhalb der Ema von Maack gefangen. Flugzeit: Juni und Juli.

315. **Botys verticalis.** Albin
Hübn. Samml. europ. Schmett. Pyral. fig. 57.
Am unteren Ussuri, im Juni, von Maack gefunden.

316. **Botys varialis.** Brem. — Tab. VI. Fig. 9.
? *Repandalis*. Hübn. Samml. europ. Schmett. Pyral. fig. 64.
Alae ochracescenti-flavae, posticae dilutiores.

Alae anticae striga anteriore angulata, posteriore et submarginali (saepe deficiente) dentatis, puncto lunulaque media fuscescentibus; — alae posticae dimidio basali, postice dentatomarginato, strigaque submarginali saepe obsoleta fuscescentibus.

Alae posticae ultra dimidium basale plus minusve fuscescentes, margine posteriore flavescenti, fasciam fuscam, plus minusve distinctam, includente. 30—32 m.

Unsere Species hat viel Uebereinstimmendes, wenigstens in einigen Varietäten, mit Hübner's *Repandalis* Fig. 64, welche von *Repandalis* Herrich-Schäffer wohl zu unterscheiden ist.

Von der Grösse der *Verticalis*, sehr variirend in Farbe und Zeichnung. Bei einigen Exemplaren ist die Grundfarbe so hell wie bei *Verticalis*, bei anderen so dunkel wie bei *Ochrealis*. Die äussere Querbinde ist sehr scharf gezahnt und bildet gewöhnlich nur eine schwache Einbucht in der Mitte der Vorderflügel, zuweilen auch nur einen Zahn, der aber nie so stark ist als bei *Verticalis*. Nur bei einigen Exemplaren zeigt sich eine gezahnte Linie vor dem Aussenrande, welche aber parallel mit diesem verläuft. Dieselbe Verschiedenheit finden wir auch bei den Hinterflügeln. Vom Vorderrande bis zum Innenrande läuft eine mehr oder weniger stark gezahnte Querlinie, welche hinter der Flügelmitte sich befindet, aber nicht eingebuchtet ist wie bei *Verticalis*. Der ganze Raum zwischen dieser Querlinie und der Basis ist zuweilen schwärzlich ausgefüllt, zuweilen ist es nur die innere Hälfte desselben, welche auch wohl nur von einem dunklen Wisch durchzogen wird. Längs des Aussenrandes läuft eine dunkle gezahnte Linie, welche bei einigen Exemplaren nur als unbestimmter dunkler Schatten sich zeigt. In derselben Art ändert auch die Unterseite ab, welche mehr oder weniger dunkel angeflogen ist.

Von Radde im Bureja-Gebirge, von Maack am Ussuri, von seiner Mündung bis zur Ema, gefangen. Flugzeit: Juni und Juli.

317. **Botys hyalinalis.** Hübn.
Hübn. Samml. europ. Schmett. Pyral. fig. 74.
Von der Ussuri-Mündung bis zum Sungatscha, von Maack, im Juni und Juli gefangen.

318. **Botys lanceolalis.** W. V.
Dup. Lép. de France. Pyral. p. 111. Pl. 216. fig. 4.
Glabralis. Hübn. Samml. europ. Schmett. Pyral. fig. 117.
Am unteren Ussuri, im Juni, von Maack gefunden.

319. **Botys silaccalis.** Hübn.
Samml. europ. Schmett. Pyral. fig. 116.
Am unteren Ussuri, von Maack, im Juni gefangen.

320. **Botys flavalis.** Hübn.
Samml. europ. Schmett. Pyral. fig. 96.
Am Onon und im Bureja-Gebirge von Radde, oberhalb der Ema und am Sungatscha von Maack, im Juli, gefangen.

321. **Botys urticalis.** Linn.
Hübn. Samml. europ. Schmett. Pyral. fig. 78.
Am unteren Ussuri, im Juni, von Maack gefangen.

322. **Botys quadrimaculalis.** Brem. — Tab. VI. Fig. 10.
Beitr. zur Fauna des nördl. China's p. 22.
Am unteren Ussuri, im Juni, von Maack gefangen.

323. **Omiodes heterogenalis.** Brem. — Tab. VI. Fig. 11.
Corpus ochraceum; abdomen albo-cingulatum.
Alae anticae supra ochraceae, striga anteriore et posteriore sinuata, linea duplici antecilia, puncto lunulaque discoidali fuscis; — alae posticae fuscescentes, marginem interiorem versus ochraceae, striga arcuata unica fusca.
Alae subtus ochraceo-fuscescentes, anticae striga posteriore lunulaque media, posticae striga arcuata fuscis. 25 — 29 m.
Abermals eine Art, welche zu einem exotischen Genus gehört und von Maack am unteren Ussuri, in der letzten Hälfte des Juni, entdeckt wurde.

324. **Ebulea samburalis.** Albin.
Hübn. Samml. europ. Schmett. Pyral. fig. 81.
Am unteren Ussuri von Maack, im Juni, gefangen.

325. **Ebulea Zelleri.** Brem. — Tab. VI. Fig. 12.
Corpus fuscum, abdomen albo-cingulatum.
Alae anticae supra fuscae, purpurascenti-suffusae, striga anteriore, striga posteriore sinuata (ad angulum internum in maculam subrotundatam dilatata) maculaque media sub-

quadrata flavescenti-albis; — alae posticae nigricanti-fuscae, fascia medio subinterrupta punctisque duobus ad marginem interiorem (basim versus) flavescenti-albidis.
Alae subtus sicut pagina superiore sed dilutiores. 25 — 26 m.

Dieses Thierchen variirt in so fern als auf den Vorderflügeln, nach innen von dem viereckigen Mittelfleck, noch ein kleinerer Fleck sich zeigt; auch ist die äussere Querlinie oft sehr verloschen und nur am Innenwinkel deutlich, wo dieselbe sich dann zu einem Fleckchen erweitert.

Von der Ussuri-Mündung an bis zum Kengka-See von Maack gefangen. Flugzeit: Mitte Juni bis Anfang August.

326. **Ebulea verbascalis.** W. V.
Arcualis. Hübn. Samml. europ. Schmett. Pyral. fig. 80.

Im Bureja-Gebirge von Radde, am unteren Ussuri von Maack, im Juni, gefangen.

327. **Ebulea simplicealis.** Brem. — Tab. VI. Fig. 13.
Thorax ochraceus, abdomen griseescens.
Alae anticae dilute ochraceae, striga anteriore, striga posteriore obliqua subdirecta lunulaque media fuscescentibus; — alae posticae grisescentes.
Alae subtus grisescentes, marginibus ochracescentibus. 20 m.

Diese kleine *Ebulea* zeichnet sich hauptsächlich durch den schrägen, aber nicht gebogenen, äusseren Querstreifen aus.

Zwischen der Noor und Ema-Mündung, Ende Juni, von Maack entdeckt.

328. **Ebulea gracialis.** Brem. — Tab. VI. Fig. 14.
Ochracea; — alae anticae supra striga anteriore strigaque posteriore sinuata vix dentata, linea marginali ante cilia lunulaque media fuscis; — alae posticae striga unica subsinuata, arcuata, fusca.
Alae subtus sicut pagina superiore sed pallidiores. 23 m.

Der *Crocealis* vergleichbar, aber die Vorderflügel spitzer, die Querstreifen dunkler, der äussere tiefer eingebogen und schwach gezahnt. Die Hinterflügel kaum heller als die Vorderflügel und nicht weisslich wie bei *Crocealis*, mit deutlichem Querstreifen.

Zwischen der Noor- und Ema-Mündung, Ende Juni, von Maack entdeckt.

329. **Pionea margaritalis.** Fabr.
Erucalis. Hübn. Samml. europ. Schmett. Pyral. fig. 55.

Oberhalb der Ema, Anfang Juli, von Maack gefangen.

330. **Spilodes palicalis.** Geoff.
Salicalis. Hübn. Samml. europ. Schmett. Pyral. fig. 177.

Zwischen Noor- und Ema-Mündung, Anfang Juli, von Maack gefangen.

331. **Spilodes cinctalis.** Fabr.
Limbalis. Hübn. Samml. europ. Schmett. Pyral. fig. 72.

An der Schilka und im Bureja-Gebirge von Radde, am unteren Ussuri von Maack, im Juni und Juli, gefangen.

332. **Spilodes sticticalis.** Linn.
Fuscalis. Hübn. Samml. europ. Schmett. Pyral. fig. 45.
Zwischen der Ussuri-Mündung und dem Noor, im Juni, von Maack gefangen.

333. **Urapteryx sambucata.** Goed.
Hübn. Samml. europ. Schmett. Geom. fig. 28.
Var. *Persica.* Ménétr.
? Var. *Ebuleata.* Guen.

Maack brachte vom unteren Ussuri und vom Sungatscha die helle, fast weisse Varietät, welche übrigens in Form und Zeichnung vollkommen mit der europäischen *Sambucata* übereinstimmt. Dieser Varietät hat Ménétriès den Namen *Persica* beigelegt.
Flugzeit: Juni und Juli.

334. **Scardamia aurantiacaria.** Brem. — Tab. VI. Fig. 15.
Alae supra rufo-aurantiacae fusco-adspersae et striolatae, puncto nigro in medio; ciliis fuscescentibus; linea interrupta ante cilia strigaque posteriore communi plumbeo-micantibus; striga submarginali communi dilute carneo-violacescenti; — alae anticae costa grisescenti strigaque anteriore plumbeo-micanti.
Alae subtus flavae fusco-adspersae puncto medio fusco; fascia lata marginali carneo-violacescenti; striga anteriore alarum anticarum abrupta, marginem anteriorem et interiorem non attingente. 25 m.

Der uns unbekannten *Metallaria* Guen. sehr nahe stehend, allein Hr. Guenée hebt als besonderes Kennzeichen seiner Art hervor, dass der innere Metallstreifen über beide Flügel läuft, während bei unserer Art dies nur bei dem äusseren der Fall ist. Dann führt Guenée auch nicht an, dass alle Flügel dunkel besprengt und gestrichelt sind; von einer violettfleischfarbigen Binde, welche zwischen dem äusseren Streifen und dem Aussenrande über beide Flügel läuft, sagt Guenée gleichfalls nichts. *Metallaria* soll vor den Fransen metallisch glänzende Punkte haben; dagegen zeigt sich bei unserer Art eine feine metallische Linie, welche nur durch die Adern durchbrochen wird; auch können die Punkte in der Mitte der Flügel nicht als gross bezeichnet werden, wie dies Guenée bei Beschreibung der *Metallaria* thut, sondern weit eher klein.

Am Ussuri oberhalb der Ema von Maack, Mitte Juli, entdeckt.

335. **Epione vespertaria.** Linn.
Parallelaria. W. V. — Hübn. Samml. europ. Schmett. Geom. fig. 43.
Im Bureja-Gebirge, im Juli, von Radde gefangen.

336. **Epione advenaria.** Hübn.
Samml. europ. Schmett. Geom. fig. 45.
Im Bureja-Gebirge von Radde, am unteren Ussuri von Maack, im Juni gefangen.

337. **Angerona prunaria.** Linn.
Hübn. Samml. europ. Schmett. Geom. fig. 123.
Im Bureja-Gebirge von Radde, am unteren Ussuri von Maack, im Juni und Juli gefangen.

338. **Pericallia syringaria.** Linn.
Hübn. Samml. europ. Schmett. Geom. fig. 29.
Am unteren Ussuri, im Juni, von Maack gefangen.

339. **Selenia albonotaria.** Brem. — Tab. VI. Fig. 16.
Alae anticae angulatae, posticae dentatae, sordide diluteque flavo-rufescentes, fusco-irroratae; — anticae striga anteriore et striga media subrecta fuscescentibus serieque punctorum fuscorum loco strigae posterioris; umbra obliqua fuscescenti ab apice ad maculam rotundatam submarginalem albam, fusco-annulatam, ducta; — alae posticae fascia anteriore obsoleta fusca serieque punctorum nigrorum loco strigae posterioris.
Alae subtus sicut pagina superiore sed pallidiores.
Var. B. *Alae sordide flavescenti-albidae fusco-adspersae, strigis plus minusve obsoletis vel nullis.*
Var. C. *Alae sordide albidae, anticae fascia lata mediana fusca, serie punctorum nigrorum nulla; — posticae punctis nigris linea undulata conjunctis. 35 m.*

In Grösse und Gestalt ähnlich der *Illunaria*, die Grundfarbe schmutzig gelbgrau, ins Röthliche ziehend, oder gelblich weiss, oder auch schmutzig weiss. Die Zeichnungen variiren wie in der Diagnose angegeben ist, doch finden sich auch Uebergänge von einer Varietät zur anderen.

Von Radde im Bureja-Gebirge, von Maack am unteren Ussuri gefangen. Flugzeit: Mai und Juni.

340. **Himera pennaria.** Alb.
Hübn. Samml. europ. Schmett. Geom. fig. 14.
Am Kengka-See, Anfang August, von Maack gefangen.

341. **Nyssia zonaria.** Réaum.
Hübn. Samml. europ. Schmett. Geom. fig. 179. 511.
In Dahurien, im Mai, von Radde gefangen.

342. **Amphidasys tendinosaria.** Brem. — Tab. VI. Fig. 17.
Alae supra dilute cinereae; — anticae striga anteriore arcuata, striga posteriore dentata maculisque duabus costalibus nigris; — posticae lunula media fasciaque posteriore nigris.
Alae subtus cinereo-albidae lunula media strigaque posteriore alarum anticarum, e punctis composita, nigris. 53 m.

Form von *Bengaliaria* Guen. aber kleiner. Die Oberseite der Flügel hell grau; die vorderen mit zwei schwarzen gezahnten Querstreifen, der innere gegen die Flügelwurzel, der äussere gegen den Aussenrand mit einem schwachen gelblichen Anflüge; am Vorderrande befinden sich zwei dunkle Flecke, der eine am Anfange des ersten Querstreifens, der andere etwas hinter der Mitte; der Mittelmond ist sehr undeutlich, kaum bemerkbar. Die Hinterflügel dagegen mit einem deutlichen Mittelmonde und dahinter mit einem gezahnten schwarzen Querstreif.

Die Unterseite ist noch heller grau, jeder Flügel mit einem Mittelmonde und hinter demselben mit einer Reihe schwarzer Punkte, entsprechend der gezahnten ässeren Querlinie der Oberseite.

Am unteren Ussuri, gegen Ende Juni von Maack entdeckt.

343. **Hemerophila Emaria.** Brem. — Tab. VI. Fig. 18.

Alae anticae subfalcatae, posticae eroso-dentatae; — anticae supra fusco-grisescentes, fascia lata pallido-cinerea, utrinque nigro-marginata ob apice ad medium marginis interioris ducta et punctum medianum nigrum includente; — alae posticae pallido-cinereae striolis fuscis adspersae, linea posteriore nigra, spatio inter hanc lineam et marginem posteriorem fusco, plaga magna ad angulum analem (dimidium marginis posterioris occupante) albo-grisescenti.

Alae subtus griseae macula media serieque punctorum nigris. 32 — 35 m.

Kleiner als *Nyctemeraria*, die Vorderflügel am Aussenrande etwas geschweift. Bei *Nyctemeraria* befindet sich auf den Vorderflügeln ein breiter dunkler Streifen auf hellem Grunde, bei unserer Art dagegen ein heller Streifen auf dunklem Grunde. Die Hinterflügel haben einen breiten dunklen Aussenrand, welcher einen grossen weisslich grauen Fleck einschliesst, der sich vom Innenwinkel bis über die Mitte des Aussenrandes verbreitet.

Von Maack auf seiner ersten Reise am Amur, auf der zweiten am Ussuri, oberhalb der Ema-Mündung, Mitte Juli, gefangen.

344. **Boarmia rhomboidaria.** Kleem.
   Hübn. Samml. europ. Schmett. Geom. fig. 154. 170. 488.

Im Apfelgebirge, in Dahurien und im Bureja-Gebirge von Radde, am unteren Ussuri von Maack, Ende Mai bis Ende Juni, gefangen.

345. **Boarmia Mandshuriaria.** Brem. — Tab. VI. Fig. 19.

Alae albae nigricanti-fasciatae et irroratae.

Alae anticae spatio inter strigam anteriorem et posteriorem margineque posteriore magis minusve nigricanti-irroratis et maculatis, macula media obscuriore; — alae posticae spatio basali margineque posteriore nigricanti-irroratae, macula media maculaque in medio marginis posterioris nigris.

Alae subtus sicut pagina superiore sed pallidiores. 36 — 39 m.

Grösse und Gestalt von *Repandaria*, das Mittelfeld mehr oder weniger schwarz gestrichelt, so dass eine dunkle breite Mittelbinde entsteht; dasselbe findet auch vor dem Aussenrande statt. Auf den Hinterflügeln ist die Basalhälfte so wie der Aussenrand mit schwarzen Atomen bestreut.

Im Bureja-Gebirge von Radde, am unteren Ussuri von Maack im Juni gefangen.

346. **Boarmia Nooraria.** Brem. — Tab. VI. Fig. 20.

Alae supra sordide flavescentes, viridi-fusco-irroratae, margine posteriore obscuriore; — alae anticae striga anteriore, media et posteriore, macula media maculisque duabus ante marginem posteriorem viridi-fuscis; — alae posticae striga anteriore et media viridi-fuscis. Alae subtus pallidiores. 36 — 40 m.

In der Grösse und Gestalt gleich der vorigen. Die Grundfarbe schmutzig gelblich, mit schwärzlichen Atomen bestreut. Die Vorderflügel mit einer inneren Querlinie, dann, hinter dem schwarzen Mittelpunkte, mit einer zweiten und noch mehr nach aussen mit einer dritten Querlinie; die beiden letzteren sind beiden Flügeln gemeinschaftlich und der Raum zwischen beiden ist dunkler bestaubt als die Grundfläche, so dass vom Vorderrande der Vorderflügel bis zum Innenrande der Hinterflügel eine dunkle Binde sich hinzieht. Auch der Aussenrand beider Flügel ist dunkel bestaubt; vor diesem dunklen Aussenrande befinden sich am Hinterrande der Vorderflügel, ungefähr in der Mitte, zwei schwarze längliche Fleckchen.

Am unteren Ussuri, gegen Ende Juni, von Maack gefangen.

347. **Boarmia roboraria.** Alb.

Hübn. Samml. europ. Schmett. Geom. fig. 169.

Im Bureja-Gebirge von Radde, zwischen Noor und Ema von Maack, im Juni und Juli, gefangen.

348. **Boarmia selenaria.** W. V.

Hübn. Samml. europ. Schmett. Geom. fig. 163.

Im Bureja-Gebirge von Radde, zwischen Noor und Ema von Maack, im Juni und Juli, gefangen.

349. **Tephrosia consonaria.** Hübn.

Samml. europ. Schmett. Geom. fig. 157.

Am unteren Ussuri, im Juni, von Maack gefangen.

350. **Tephrosia crepuscularia.** De Geer.

Hübn. Samml. europ. Schmett. Geom. fig. 158.

Im Bureja-Gebirge von Radde, von der Ussuri-Mündung bis zur Ema von Maack, im Juni und Juli, gefangen.

351. **Dasydia operaria.** Hübn.

Samml. europ. Schmett. Geom. fig. 359.

An der Nordseite des Baikal-Sees und im Bureja-Gebirge, im Juli, von Radde gefangen.

352. **Geometra papilionaria.** Linn.

Hübn. Samml. europ. Schmett. Geom. fig. 6.

Im Bureja-Gebirge, im Juli, von Radde gefunden.

353. **Geometra albovenaria.** Brem. — Tab. VI. Fig. 21.

Corpus albidum.

Alae subdentatae coerulescenti-virides nervis albis; ciliis albis fuscescenti-interruptis; — alae anticae margine anteriore fasciisque duabus, posticae fascia unica albis; linea undulata submarginali, communi, albida.
Alae subtus pallidiores, anticae fascia anteriore nulla. 50 m.

Grösser als *Papilionaria*, die Flügel stärker gezahnt, der Körper weiss, die Färbung der Flügel mehr ins Bläuliche ziehend; alle Adern so wie der Vorderrand der Vorderflügel weiss. Die weissen Querstreifen sind breit und gerade. Der innere Querstreif der Vorderflügel ist aussen, der äussere, beiden Flügeln gemeinschaftliche, aber innen dunkelgrün begrenzt. Eine weissliche Wellenlinie, zwischen dem äusseren Querstreifen und dem Aussenrande, ist gleichfalls beiden Flügeln gemeinschaftlich.

Im Bureja-Gebirge von Radde, am Ussuri, zwischen Noor- und Ema-Mündung, von Maack gefangen. Flugzeit: Juni und Juli.

354. **Geometra glaucaria.** Ménétr.
Schrenck's Reise im Amur-Lande II. Lepid. p. 63. Tab. V. fig. 5.
Im Bureja-Gebirge, im Juli, von Radde gefunden.

355. **Euchloris albocostaria.** Brem. — Tab. VI. Fig. 22.
Corpus album, thorace supra viridi.
Alae supra virides, linea fusca ante cilia; ciliis albis fusco-interruptis; macula media subrotundata alba, lunulam fuscam includente; — alae anticae costa strigisque duabus undulatis albidis.
Alae subtus virides maculis mediis paginae superioris strigaque posteriore communi albida. 25 — 30 m.

Grösse und Gestalt von *Smaragdaria*, Grundfarbe wie bei *Indigenaria*. Die Fransen weiss, braun durchbrochen, vor denselben eine braune Linie. Jeder Flügel mit einem weissen, dunkel gekernten Mittelfleck; die Vorderflügel mit den gewöhnlichen zwei wellenförmigen Querlinien.

Von Maack auf seiner ersten Reise am Amur, auf der zweiten am Ussuri, zwischen Noor- und Ema-Mündung, Ende Juni, gefangen.

356. **Euchloris subtiliaria.** Brem. — Tab. VI. Fig. 23.
Alae coerulescenti-virides ciliis albidis, punctis vel strigis nigris ante cilia; striga posteriore undulata communi flavescenti, macula media brunnescenti albo-notata et flavescenti-cingulata.
Alae subtus virescenti-albidae, posticae macula media paginae superioris obsoleta. 22 — 23 m.

Grösse und Form ähnlich *Smaragdaria*, der Innenwinkel der Vorderflügel aber nicht so abgerundet. Jeder Flügel mit einem gelblich gerandeten, kleinen braunen Mittelfleck, welcher wiederum einen weissen Punkt einschliesst. Die äussere wellenförmige Querlinie ist beiden Flügeln gemein, die innere fehlt.

Am unteren Ussuri, gegen Ende Juni von Maack entdeckt.

357. **Jodes vernaria.** Linn.
   Hübn. Samml. europ. Schmett. Geom. fig. 7.
   Im Bureja-Gebirge von Radde, oberhalb der Ema von Maack, im Juni und Juli, gefangen.

358. **Jodes Ussuriaria.** Brem. — Tab. VI. Fig. 24.
   Alae pallide virescentes; anticae strigis duabus undulatis albidis: anteriore postice et posteriore antice obscurius viridi-marginatis; alae posticae striga unica albida antice obscurius viridi-marginata.
   Alae subtus pallide virides. 19 — 22 m.
   Grösse und Gestalt von *Putataria*, Farbe gelblich grün, eine innere Querlinie ist kaum bemerkbar, die äussere, beiden Flügeln gemeinschaftliche, innen dunkler grün begrenzt, sanft gewellt und nicht gezackt wie bei *Putataria*.
   Vom unteren Ussuri bis zum Kengka-See von Maack gefangen. Flugzeit: Mitte Juni bis Anfang August.

359. **Jodes lactearia.**
   Aeruginaria. W. V. — Hübn. Samml. europ. Schmett Geom. fig. 46.
   Am unteren Ussuri, im Juni, von Maack gefangen.

360. **Chlorochroma sponsaria.** Brem. — Tab. VI. Fig. 25.
   Corpus album thorace pilis viridibus intermixto.
   Alae anticae subfalcatae, posticae angulatae, omnes virides, linea undulata submarginali plus minusve distincta ciliisque albidis; alae anticae strigis directis duabus, posticae striga unica albis.
   Alae subtus sicut pag na superiore sed dilutiores et striga anteriore alarum anticarum nulla. 43 — 46 m.
   Var. B. Corpus supra viride; alae obscurius virides strigis albis tenuibus; linea undulata submarginali obsoletissima vel nulla.
   Die Färbung wie bei *Papilionaria*. Die einfache Zeichnung dieser, als *Chlorochroma*, grossen Art, ist hinlänglich durch die Diagnose ausgesprochen.
   Von Radde im Bureja-Gebirge, von Maack oberhalb der Ema-Mündung, im Juli, gefangen.

361. **Pherodesma gratiosaria.** Brem. — Tab. VII. Fig. 1.
   Corpus albidum; thorace supra viridi.
   Alae anticae subrotundatae, posticae angulatae, omnes supra virides; — anticae costa parum albida, fusco-punctata; ciliis albidis fusco-interruptis; striga anteriore albida marginem anteriorem non attingente; ad angulum posteriorem plaga magna subquadrata, ferrugineo-fusco-notata; maculis duabus minoribus albidis: prima in medio marginis posterioris, secunda ante hanc, cum plaga magna linea albida conjuncta, lineaque obsolete albicanti submarginali.
   Alae posticae fascia lata marginali albida (ad angulum ani profunde sinuata) fusco-irrorata seriemque macularum fuscarum includente.

Alae subtus pallide virides; anticae puncto medio nigro maculisque albis paginae superioris; — posticae fascia alba paginae superioris maculas fuscas quatuor includente 30 m.

Grundfarbe ähnlich der *Smaragdaria*, aber etwas mehr ins Bläuliche ziehend; in der Zeichnung von allen europäischen Verwandten sehr abweichend.

Am Sungatscha von Maack, Ende Juli, entdeckt.

362. **Hemithea thymiaria.** Linn.

Aestivaria. Brahm. — Hübn. Samml. europ. Schmett. Geom. fig. 9.

Im Bureja-Gebirge von Radde, am unteren Ussuri und oberhalb der Ema-Mündung von Maack gefangen. Flugzeit: Juni und Juli.

363. **Hyria auroraria.** W. V.

Hübn. Samml. europ. Schmett. Geom. fig. 63.

Zwischen der Noor- und Ema-Mündung, Anfang Juli, von Maack gefangen.

364. **Asthena luteola.** W. V.

Hübn. Samml. europ. Schmett. Geom. fig. 103.

Am unteren Ussuri, im Juni, von Maack gefangen.

365. **Acidalia perochraria.** Fisch. v. R.

Tab. 49. p. 46 et 125.

366. **Acidalia rufociliaria.** Brem. — Tab. VII. Fig. 2.

Alae supra obscure ochraceae ciliis rufis, linea nigra ante cilia, nervis, lunula media, strigis tribus alarum anticarum et duabus posticarum rufo-brunneis; — alae posticae medio basis obscurato.

Alae subtus ochraceae lunula media strigisque transversis duabus rufo-brunneis. 26 m.

Grossen Exemplaren von *Rufaria* ähnlich, doch zeichnen schon die schön rothen Frausen unseren Spanner vor allen nahestehenden aus.

In Dahurien, im Juni, von Radde gefangen.

367. **Acidalia strigilata.** W. V.

Dup. Lép. de France V. p. 96. Pl. 177. fig. 1.

Im Bureja-Gebirge von Radde, von der Ussuri-Mündung bis zur Ema von Maack, im Juni und Juli, gefangen.

368. **Acidalia compararia.** Herr.-Schäff.

Schmett. v. Europ. Geom. p. 26. fig. 299 — 302.

Im Bureja-Gebirge von Radde, am unteren Ussuri von Maack, im Juni gefangen.

369. **Acidalia sylvestraria.** Hübn.

Herr.-Schäff. Schmett. v. Europ. Geom. p. 28. fig. 103 — 105.

Am unteren Ussuri von Maack, im Juni, gefangen.

370. **Acidalia bisetata.** Borkh.
Herr.-Schäff. Schmett. v. Europ. Geom. p. 16. fig. 116.
Am Onon, Anfang Juli, von Radde gefangen.

371. **Acidalia reversata.** Tr.
Herr.-Schäff. Schmett. v. Europ. Geom. p. 15. n. 26.
Scutularia. Hübn. Samml. europ. Schmett. Geom. fig. 73.
Am Sungatscha, Ende Juli, von Maack gefangen.

372. **Timandra amataria.** Linn.
Hübn. Samml. europ. Schmett. Geom. fig. 52.
Am unteren Ussuri im Juni und am Sungatscha im Juli, von Maack gefangen.

373. **Argyris Dellaria.** Brem. — Tab. VII. Fig. 3.
Corpus album abdomine supra nigricanti.

Alae omnes supra albae, margine posteriore sericque submarginali macularum nigricanti-griseis; ciliis griseis albo-interruptis.

Alae anticae plaga magna discoidali viridi-olivacea, maculis duabus nigris annulisque argenteo, maculam griseo-carneam (antice albido-marginatam) includente, ad marginem interiorem vel annulo altero parvo, vel atomis argenteis notatae; — alae posticae plaga discoidali viridi-olivacea nigro-limitata, maculam ex atomis argenteis compositam strigamque griseo-carneam includente; margine interiore argenteo-irrorato.

Alae subtus albae, plaga magna discoidali grisea lunulam albam, saepe obsoletam, includente. 36—40.

Der olivenfarbige Fleck in der Mitte der Flügel ist bald grösser bald kleiner, den Vorderrand fast, den Innenrand immer berührend; auf den Vorderflügeln ist die der Wurzel zugekehrte Spitze gewöhnlich schwärzlich angeflogen. Der metallisch glänzende Ring, in der Mitte des grossen Flecks, ist mehr oder weniger unterbrochen; oberhalb dieses Ringes in Zelle 4 liegt ein schwarzer Fleck, mit der Spitze dem Aussenrande zugekehrt; ein zweiter schwarzer Fleck, durch Rippe 3 getheilt, liegt innerhalb des Ringes und hart unter dem fleischfarbigen Mittelflecke, welcher seinerseits nach innen durch einen helleren Halbmondfleck begrenzt ist. Der olivenfarbige Fleck der Hinterflügel hat in der Mitte einen hellfleischfarbigen Mondfleck, von glänzenden Atomen umgeben, welche sich mehr oder weniger zu einem Flecke vereinigen und gegen den Aussenrand zu durch zwei kleine schwarze Flecke begrenzt sind; auch der Innenrand ist mehr oder weniger stark mit glänzenden Atomen bestreut. Die graue Fleckenbinde vor dem gleichfarbigen Aussenrande fliesst zuweilen mit diesem zusammen.

Im Bureja-Gebirge von Radde, am unteren Ussuri von Maack, im Juni, gefangen.

374. **Eroxia exornata.** Eversm.
Bull. de Mosc. 1837. — Herr.-Schäff. Schmett. v. Europ. Geom. fig. 418.
Im Bureja-Gebirge von Radde, am unteren Ussuri von Maack, im Juni, gefangen.

375. **Cabera exanthemaria.** Alb.
   Dup. Lépid. de France V. p. 14. Pl. 171.
   Striaria. Hübn. Samml. europ. Schmett. Geom. fig. 88.
   Am unteren Ussuri von Maack, im Juni, gefangen.

376. **Cabera Schaefferi.** Brem. — Tab. VII. Fig. 4.
   Alae supra albae, parum nigro-adspersae; anticae strigis tribus, posticae duabus flavis, plus minusve distinctis.
   Alae subtus albae, striga posteriore obsoletissima, puncto medio atomisque nigris.
   24—26 m.

   Grösse von *Commutaria* oder etwas kleiner, die Flügel mehr abgerundet; keine dunkele Linie vor den Fransen. Die Querstreifen gelblich. Auf der Unterseite ist der Mittelfleck durch die schwarze Bestaubung oft verdeckt. Die äussere gelbe Querlinie ist schwach und undeutlich, so dass dieselbe nur durch die Loupe verfolgt werden kann.
   Am unteren Ussuri bis oberhalb der Ema, im Juni und Juli, von Maack gefangen.

377. **Corycia temerata.** W. V.
   Hübn. Samml. europ. Schmett. Geom. fig. 91 et 376. 377.
   Im Bureja-Gebirge, im Juli, von Radde gefangen.

378. **Ellerinia nuptaria.** Brem. — Tab. VII. Fig. 5.
   Corpus flavescenti-albidum antennis brunneis.
   Alae dilute flavae parum fusco-irroratae; — anticae macula media reniformi brunnescenti, obscure cingulata lineisque obscuris tripartita; macula lunari abrupta ad apicem marginis posterioris; striga anteriore interrupta, posteriore dentata brunneis; — alae posticae puncto medio strigaque dentata posteriore brunneis.
   Alae subtus dilute flavae, fusco-irroratae; anticae lunulis duabus maculaque lunari ad apicem obsolete brunneis, posticae striga posteriore dentata punctoque medio distinctioribus brunneis. 38 m.

   Grösse und Form von *Freitagaria*, die Färbung ähnlich der *Animaria*, doch ist das Gelb heller und mehr ins Schwefelfarbige ziehend. Die beiden gewöhnlichen Querstreifen sind gezahnt, der Mittelfleck braun gerandet und durch eine braune Linie der Länge nach erst in zwei Theile, und von diesen der äussere abermals in zwei Theile getheilt. Der braune Fleck am Aussenrande, an der Flügelspitze, bildet einen Halbmondfleck, dessen untere Hälfte fehlt.
   Von Radde im Bureja-Gebirge, im Mai, gefangen.

379. **Macaria alternata.** W. V.
   Hübn. Samml. europ. Schmett. Geom. fig. 315.
   Am unteren Ussuri, im Juni, von Maack gefangen.

380. **Macaria nigronotaria.** Brem. — Tab. VII. Fig. 6.
   Alae angulatae supra lutescenti-albidae, nigricanti-adspersae; striga posteriore communi

strigaque anteriore alarum anticarum flavescentibus utrinque maculis nigris marginatis; macula media maculisque nonnullis submarginalibus alarum anticarum nigris; ciliis nigris nervis flavescentibus interruptis.
Alae subtus sicut pagina superiore. 27 m.

Grösse und Form von *Notataria*, sonst in allem was die Zeichnung anbelangt abweichend. Ausserhalb der äusseren Querlinie treten die schwarzen Flecke in Zelle 3 und 4 besonders deutlich hervor und sind etwas in die Länge gezogen, wie bei *Notataria*. Vor dem Aussenrande liegen noch 5 schwarze Flecke in Zelle 1^b, 1^c, 2, 5 und 6.

Oberhalb der Ema-Mündung, Mitte Juli, von Maack entdeckt.

381. **Macaria proditaria.** Brem. — Tab. VII. Fig. 7.
Alae anticae subintegrae, posticae subangulatae.

Alae supra grisescentes fusco-carneo-adspersae, striga basali alarum anticarum strigisque media et posteriore communibus fusco-cerrinis, macula media maculisque duabus alarum anticarum, unica posticarum, pone strigam exteriorem positis, nec non maculis subtriangularibus ante cilia nigris.

Alae subtus flavescentes fusco-cerrino-adspersae et striolatae; striga media, posteriore et submarginali communibus maculaque media alarum anticarum nigris. 27 m.

Form und Grösse ähnlich *Aestimaria*, die Färbung aber mehr gelblich, der äussere Querstreif einfach, nicht doppelt wie bei *Aestimaria*, die Fransen einfarbig grau und nicht braun gescheckt wie bei dieser. Der Raum zwischen dem äusseren Querstreifen und dem Aussenrande ist einfarbig aschgrau, ohne weisse Zackenlinie wie bei *Aestimaria*.

Im Bureja-Gebirge von Radde, im Juni, gefangen.

382. **Macaria indictinaria.** Brem. — Tab. VII. Fig. 8.
Alae anticae subfalcatae, posticae subangulatae.

Alae supra testaceae fusco-adspersae; anticae plaga apicali subtriangulari albida, striga anteriore subrecta strigaque posteriore angulata fuscis; puncto medio maculisque duabus, postice ad strigam posteriorem positis, nigricantibus; — alae posticae striga posteriore strigaque arcuata submarginali obsoleta fuscis, puncto medio minuto nigricanti.

Alae subtus sicut pagina superiore sed laetiores et alae anticae maculis duabus nigricantibus nullis. ♂ 25, ♀ 27 m.

Grösse und Form von *Aestimaria*. Der Mann ist schmutzig gelblich, sehr stark braun bestaubt, besonders gegen den Aussenrand; an der Flügelspitze befindet sich ein fast dreieckiger hellgrauer Fleck; die Querlinien sind braun, die innere der Vorderflügel ist fast gerade, die äussere bildet am Vorderrande einen spitzen, mit der Spitze nach aussen gerichteten Winkel, wie bei *Syringaria*, und läuft dann fast gerade bis zum Innenrande der Hinterflügel; ausserhalb dieses letzten Querstreifens befinden sich auf den Vorderflügeln noch zwei schwarze Fleckchen.

Die Hinterflügel haben, zwischen dem Querstreifen und dem Aussenrande, parallel mit diesem, eine schwache Linie, welche sich am Innenrande mit der äusseren Querlinie verbindet. Jeder Flügel hat einen schwarzen Mittelpunkt. Das Weibchen ist grösser und heller gefärbt als das Männchen.

Von Dr. Schrenck bei Dshai am Amur, von Maack am unteren Ussuri gefangen. Flugzeit: zweite Hälfte des Juni.

383. **Macaria castigataria.** Brem. — Tab. VII. Fig. 9.

Alae supra sordide albo-griseseentes, fusco-irroratae, puncto medio, striga posteriore lineaque ante cilia fuscis; alis anticis maculis duabus costalibus maculaque ad marginem posteriorem, apud apicem, fuscis.

Alae saltus sicut pagina superiore. 30 m.

Form und Grösse gleich *Signaria*, die Grundfarbe ebenso. Alle Flügel sind mit braunen Atomen bestreut; die innere Querlinie der Vorderflügel und die Mittelflecke aller Flügel sind wegen der braunen Bestaubung fast nicht zu unterscheiden; die äussere auf beiden Flügeln vorhandene Querlinie aber ist bestimmt und scharf ausgeprägt. Die Vorderflügel sind ausserdem mit drei schwachen bräunlichen Flecken bezeichnet: der erste befindet sich am Anfange der inneren Querlinie, der zweite gleichfalls am Vorderrande, etwas hinter der Mitte, der dritte am Aussenrande nahe der Flügelspitze.

Am Kengka-See, Anfang August, von Maack entdeckt.

384. **Tephrina murinaria.** W. V.

Hübn. Samml. europ. Schmett. Geom. fig. 134.

In Dahurien, im Mai, von Radde gefangen.

585. **Sirenia clathrata.** Linn.

Hübn. Samml. europ. Schmett. Geom. fig. 132.

An der Schilka und im Bureja-Gebirge, im Mai und Juli, von Radde, am Sungatscha im Juli, von Maack gefangen.

386. **Sirenia immoraria.** Linn.

Hübn. Samml. europ. Schmett. Geom. fig. 133.

An der Nordseite des Baikal-Sees, im Juli, von Radde gefangen.

387. **Panagra petraria.** Hübn.

Samml. europ. Schmett. Geom. fig. 113.

Im Bureja-Gebirge, im Mai, von Radde, am unteren Ussuri, im Juni von Maack gefangen.

388. **Numeria pulveraria.** Alb.

Hübn. Samml. europ. Schmett. Geom. fig. 203.

Im Bureja-Gebirge von Radde, oberhalb der Ema von Maack, im Juli gefangen.

389. **Numeria pruinosaria.** Brem. — Tab. VII. Fig. 10.

Alae supra sordide flavescentes, rufescenti-conspersae.

Alae anticae fascia media lata (strigis transversis obscurioribus antice et postice margi-

nata et punctum medianum includente), striga posteriore strigaque submarginali rufescentibus; — alae posticae strigis transversis duabus rufescentibus.
Alae posticae sicut pagina superiore sed pallidiores. 32 m.

Grösser als *Pulveraria*, die Flügel spitzer, die Farbe röthlicher. Die Vorderflügel mit einer dunkleren röthlichen, breiten Querbinde, welche bis über die Hälfte des Flügels hinaus reicht und einen dunklen Mittelpunkt einschliesst; diese Querbinde ist beiderseits von noch dunkleren Querstreifen begrenzt. Die äussere Querlinie ist gewellt und am Vorderrande, nahe der Flügelspitze, beginnt noch ein kurzer dunkler Streif oder Schatten. Die Hinterflügel sind mit zwei Querlinien bezeichnet, von welchen die äussere gewellt ist.

Am unteren Ussuri, in der letzten Hälfte des Juni, von Maack entdeckt.

390. **Fidonia atomaria.** Geoff.

Hübn. Samml. europ. Schmett. Geom. fig. 136 et 526. 527.

Im Bureja-Gebirge, im Juni und Juli, von Radde gefangen.

391. **Scoria dealbata.** Linn.

Hübn. Samml. europ. Schmett. Geom. fig 214 et 528 — 531.

In Dahurien und an der Schilka, im Mai, von Radde, am unteren Ussuri, im Juni, von Maack gefangen.

392. **Aspilates gilvaria.** W. V.

Hübn. Samml. europ. Schmett. Geom. fig. 201 et 534.

Im Apfelgebirge und in Dahurien, im Juli, von Radde gefunden.

393. **Aspilates formosaria.** Eversm.

Bull. de Mosc. 1837. p. 54. — Herr.-Schäff. Schmett. v. Europ. Geom. p. 94. fig. 27. 28.

Im Bureja-Gebirge, im Juli, von Radde entdeckt.

394. **Aspilates mundataria.** Cram.

Hübn. Samml. europ. Schmett. Geom. fig. 375 et 528.

Oberhalb des Noor, Ende Juni, von Maack gefangen.

395. **Rhyparia melanaria.** Linn.

Hübn. Samml. europ. Schmett. Geom. fig. 86.

An der Nordseite des Baikal-Sees und im Bureja-Gebirge, im Juli, von Radde gefangen.

Die Exemplare vom Baikal-See haben eine sehr starke graue Bestaubung, welche Vorder- und Hinterflügel oft ganz bedeckt.

396. **Rhyparia flavomarginaria.** Brem. — Tab. VII. Fig. 11.

Caput et thorax flava; antennae nigrae flavo-punctatae; abdomen album nigro-punctatum apice flavo; subtus corpus flavum nigro-punctatum.

Alae supra albae plus minusve nigro-maculatae, margine posteriore flavo; macula media, serie posteriore macularum maculisque ante marginem flavum constantibus, reliquis variantibus; basi alarum anticarum flava.

Alae subtus sicut pagina superiore. ♂ 42, ♀ 50—54 m.

Unsere Art erinnert sehr an *Grossulariata*, ist aber viel grösser und, wie aus der Diagnose ersichtlich, leicht kenntlich. Sie variirt sehr in der Zahl und Grösse der schwarzen Flecke, so dass die Flügel oft nicht einmal symmetrisch gezeichnet sind.

Von Maack am Kengka-See, Anfang August, gefangen.

397. **Abraxas grossulariata.** Linn.

Hübn. Samml. europ. Schmett. Geom. fig. 81. 82.

Alle Exemplare aus dem Amur-Lande sind weit kleiner als die europäischen. Im Bureja-Gebirge, im Juni und Juli, von Radde gefangen.

398. **Abraxas ulmata.** Sepp.

Hübn. Samml. europ. Schmett. Geom. fig. 85 et 391. 392.

Gleichfalls kleine Exemplare.

Im Bureja-Gebirge, im Juli, von Radde, am unteren Ussuri, im Juni, und am Sungatscha, im Juli, von Maack gefangen.

399. **Halthia Eurypile.** Ménétr.

Schrenck's Reise im Amur-Lande II. Lepid. p. 47. Tab. IV. Fig. 3.

Am unteren Ussuri, im Juni, von Maack gefangen.

400. **Lomaspilis marginata.** Linn.

Hübn. Samml. europ. Schmett. Geom. fig. 80.

Die schwarze Mittelbinde jedes Flügels ist stets in drei schwarze Flecke aufgelöst.

Im Bureja-Gebirge von Radde, am unteren Ussuri von Maack, im Juni, gefunden.

401. **Orthostixis lactata.** Fabr.

Cribraria. Hübn. Samml. europ. Schmett. Geom. fig. 83.

Alle schwarzen Flecke sind viel grösser als in den Abbildungen der europäischen Exemplare; uns liegt leider kein europäisches Stück zum Vergleich vor.

Am unteren Ussuri, im Juni, von Maack gefangen.

402. **Doryodes electaria.** Brem. — Tab. VII. Fig. 12.

Corpus albido-flavescens, thorace supra cinerascenti.

Alae anticae supra cinereae puncto medio nigro, striga a basi ad apicem ducta, medio angulum obtusum formante flavescenti-albida, parte antica antice, parte postica postice nigro-marginata; margine posteriore dilutiore strigam submarginalem fuscescenti-griseam includente; — alae posticae albido-flavescentes plus minusve ferrugineo-irroratae.

Alae subtus flavescentes marginem anteriorem versus ferrugineo-irroratae, puncto medio alarum anticarum nigro. 30 m.

Der *Acutaria* am nächsten stehend, doch sind die Flügel viel breiter. Der gelblich weisse Streifen der Vorderflügel läuft von der Flügelwurzel parallel mit dem Innenrande bis zur Mitte des Flügels, von wo er, einen stumpfen Winkel bildend, ganz gerade bis in die Flügelspitze fortläuft; bei *Acutaria* ist dieser Streifen silberweiss und ist nicht winklig gebogen, sondern zieht sich, von der Flügelwurzel aus, in einem sanften Bogen zur

Flügelspitze. Bei unserer Species ist dieser Streifen vorn, von der Wurzel bis zum stumpfen Winkel, und aussen, von der Mitte bis zur Spitze, durch eine schwarze Linie begrenzt.

Am Ussuri, zwischen Noor- und Ema-Mündung, Anfang Juli, von Maack, entdeckt.

403. **Larentia russariaria.** Herr.-Schäff.
Schmett. v. Europ. Geom. fig. 564.
In Dahurien, im Juni, von Radde gefangen.

404. **Larentia Kollararia.** Herr.-Schäff.
Schmett. v. Europ. Geom. p. 149. fig. 243. 244.
An der Nordseite des Baikal-Sees, im Juli, von Radde gefangen.

405. **Emmelesia albostrigaria.** Brem. — Tab. VII. Fig. 13.
Alae supra pallide griscscenti-testaceae, anticae strigis 7-8, posticae 4-5 albis, striga posteriore latiore et distinctiore.

Alae subtus griseae striga posteriore distincta, reliquis indistinctis; striga submarginali interrupta. 25 — 27 m.

Eine, wie es scheint, durch das ganze südliche Amur-Gebiet verbreitete Art, welche nur darin variirt, dass der mittlere Querstreif zuweilen den vorhergehenden berührt.

Im Bureja-Gebirge von Radde, vom unteren Ussuri bis zum Kengka-See von Maack gefangen. Flugzeit: Von Mitte Juni bis August.

406. **Eupithecia lariceata.** Frey.
N. Beitr. IV. p. 135. Tab. 366. — Herr.-Schäff. Schmett. v. Europ. Geom. fig. 170.
Am unteren Ussuri, im Juni, von Maack gefangen.

407. **Melanthia rubiginata.** De Geer.
Hübn. Samml. europ. Schmett. Geom. fig. 250.
An der Nordseite des Baikal-Sees, im Juli, von Radde gefangen.

408. **Melanthia albicillata.** Linn.
Hübn. Samml. europ. Schmett. Geom. fig. 76.
Im Bureja-Gebirge von Radde, am unteren Ussuri von Maack, im Juni, gefangen.

409. **Melanippe hastata.** Linn.
Hübn. Samml. europ. Schmett. Geom. fig. 256.
In Dahurien und am Onon, im Juni und Juli, von Radde gefangen.

410. **Melanippe tristata.** Linn.
Hübn. Samml. europ. Schmett. Geom. fig. 254.
Im Bureja-Gebirge, Ende Mai bis Anfang Juli, von Radde gefangen.

411. **Melanippe funerata.** Hübn.
Samml. europ. Schmett. Geom. fig. 260.
In Dahurien und im Bureja-Gebirge, im Juni und Juli, von Radde gefangen.

412. Melanippe unangulata. Haw.
  Herr.-Schäff. Schmett. v. Europ. Geom. p. 150. fig. 338.
  Im Bureja-Gebirge von Radde, am unteren Ussuri von Maack, im Juni, gefangen.

413. Melanippe rivata. Hübn.
  Samml. europ. Schmett. Geom. fig. 409.
  Am unteren Ussuri, im Juni, von Maack gefangen.

414. Melanippe Mandshuricata. Brem. — Tab. VII. Fig. 14.
  Corpus testaceum thorace supra nigro.

  Alae anticae supra testaceae, marginem posteriorem versus obscuriores, strigis transversis obsoletissimis; macula basali, plaga in medio marginis anterioris punctoque subapicali nigris, linea submarginali lineaque ante cilia albis; ciliis albis nigro-interruptis; — alae posticae albidae margine posteriore testaceo strigam albidam includente; strigis undulatis tribus indistinctis in medio alae lineaque alba ante cilia; ciliis albis nigro-interruptis.

  Alae anticae subtus dilute testaceae, margine anteriore grisescenti; punctis costalibus quatuor nigricantibus; lunula media nigra; fascia exteriore lineaque submarginali paginae superioris obsolete albicantibus; — alae posticae albicantes strigis obsoletis tribus interruptis fuscescentibus punctoque medio nigro. 26 m.

  Erinnert an *Fluctuaria*, der sie an Grösse und Gestalt gleich kommt, in der Färbung aber weicht sie, wie aus der Diagnose hervorgeht, ganz ab.

  Im Bureja-Gebirge von Radde und an der Ussuri-Mündung von Maack, Mitte Juni bis Anfang August, gefunden.

415. Melanippe Baicalata. Brem. — Tab. VII. Fig. 15.
  Alae supra dilute grisescentes, anticae fasciis griseis tribus: anteriore et media (lineis undulatis obscurioribus marginatis) marginem interiorem versus dilutioribus, marginali communi lata lineam undulatam albam includente; alae posticae linea transversa anteriore et media obscurioribus.

  Alae subtus dilute grisescentes puncto medio, margine posteriore, strigam albam includente, strigis duabus alarum anticarum et unica posticarum obscure griseis. 24 m.

  Grösse und Gestalt der vorigen Art, der *Alchemillaria* entfernt ähnlich, die Mittelbinde aber viel schmäler und am Innenrande viel heller.

  An der Nordseite des Baikal-Sees von Radde entdeckt. Flugzeit: im Juli.

416. Anticlea rubidata. W. V.
  Hübn. Samml. europ. Schmett. Geom. fig. 290.
  Von einer ganz grauen Varietät wurden mehrere Exemplare am unteren Ussuri von Maack, im Juni, gefangen.

417. Corcmia ligustraria. W. V.
  Hübn. Samml. europ. Schmett. Geom. fig. 282.
  Am unteren Ussuri, im Juni, von Maack gefangen.

418. **Phibalapteryx ternata.** W. V.
Hübn. Samml. europ. Schmett. Geom. fig. 268.
Am unteren Ussuri, im Juni, von Maack gefangen.
419. **Phibalapteryx aquata.** Hübn.
Samml. europ. Schmett. Geom. fig. 410.
In Dahurien, im Juni, von Radde gefangen.
420. **Scotosia undulata.** Linn.
Hübn. Samml. europ. Schmett. Geom. fig. 262 et 436.
Am unteren Ussuri, im Juni, von Maack gefangen.
421. **Scotosia atrostrigata.** Brem. — Tab. VII. Fig. 16.

Alae anticae dilute olivaceae, lineis transversis undulatis obscuris, numerosis; fascia basali et spatio medio, strigam mediam aterrimam includente, dilute brunnescentibus; — alae posticae fuscae, marginem anteriorem versus late testaceo-albidae, ad angulum analem striga abrupta, indistincta, obscura, dilute flavescenti-marginata; striga nigra nervis albidis interruptis ante cilia.

Alae anticae subtus dilute testaceae, basi grisea; lunula media, striga posteriore fasciaque marginali nigris, apice testaceo; pilis longis subdiscoidalibus nigris; — alae posticae testaceae fusco-adspersae, lunula media strigaque posteriore nigricantibus. 38 m.

Grösse von *Lar. Kollararia*, die Flügel abgerundeter, der Aussenrand der Flügel sanft gewellt. Ein eigenthümliches Ansehen giebt unserer Art der tief schwarze mittlere Querstreifen, von welchem ein gleichfarbiger Mittelmond nur durch eine feine helle Linie geschieden wird.

Am Kengka-See, Anfang August, von Maack entdeckt.
422. **Cidaria silacenta.** W. V.
Hübn. Samml. europ. Schmett. Geom. fig. 477.
Am unteren Ussuri, im Juni, von Maack gefangen.
423. **Cidaria russata.** W. V.
Hübn. Samml. europ. Schmett. Geom. fig. 305.
An der Nordseite des Baikal-Sees, im Juli, von Radde gefangen.
424. **Cidaria populata.** Fuess.
Hübn. Samml. europ. Schmett. Geom. fig. 300.
An der Nordseite des Baikal-Sees, im Juli, von Radde gefangen.
425. **Cidaria testata.** Linn.
Achatinata. Hübn. Samml. europ. Schmett. Geom. fig. 301.
Im Apfelgebirge, im Juli, von Radde gefunden.
426. **Cidaria dotata.** Linn.
Marmorata. Hübn. Samml. europ. Schmett. Geom. fig. 279.
Im Bureja-Gebirge, Ende Juli, von Radde gefangen.

427. Cidaria pyraliata. Alb.
Hübn. Samml. europ. Schmett. Geom. fig. 302.
Im Bureja-Gebirge von Radde, am unteren Ussuri von Maack, im Juni, gefangen.

428. Cidaria Ledereri. Brem. — Tab. VII. Fig. 17.

Alae anticae testaceo-grisescenti-marmoratae, striga vel linea basali strigaque anteriore arcuatis dilute fuscescentibus, postice albido-marginatis; fascia lata obliqua a medio marginis anterioris angulum interiorem versus ducta, abbreviata, brunnescenti-grisea, albido-marginata et strigas fuscas duas includente; macula apicali brunnescenti, antice albido-annulata; — alae posticae grisescentes strigis duabus fuscescentibus postice albido-marginalis.

Alae subtus sordide albidae, strigis transversis duabus punctoque medio fuscis, macula apicali alarum anticarum brunnea. 38 m.

Alle beschriebenen Zeichnungen sind etwas unbestimmt und marmorartig, mit Ausnahme des bräunlichen, innen weiss gerandeten Flecks an der Flügelspitze, welcher letztere scharf hervortritt.

Zwischen Noor und Ema, Ende Juni, von Maack gefangen.

429. Cidaria convergenata. Brem. — Tab. VII. Fig. 18.

Alae anticae florescenti-albidae strigis ferrugineo-brunneis decem plus minusve distinctis, omnibus a margine anteriore angulum interiorem versus convergentibus, striga tertia et quarta, quinta et sexta ante angulum conjunctis, striga octava ibique tridentata, dente ultimo nigro, postice albo-marginato; ad marginem interiorem annulo rotundo alteroque subovato ferrugineo-brunneis plus minusve distinctis vel nullis; — alae posticae albidae, striga posteriore et submarginali abrupta fuscescentibus, plaga ad angulum analem fuscescenti nigro-alboque-notata.

Alae subtus albidae strigis paginae superioris plus minusve distinctis, posticae puncto medio nigro plagaque ad angulum analem deficiente. 33 — 35 m.

Ein durch den Verlauf der Querlinien der Oberflügel sehr fremdartig aussehendes Thier, welches keiner europäischen Art an die Seite zu stellen ist.

Von Radde im Bureja-Gebirge, von Maack am Ussuri, zwischen Noor und Ema, gefangen. Flugzeit: Ende Juni und Anfang Juli.

430. Eubolia mensuraria. De Geer.
Hübn. Samml. europ. Schmett. Geom. fig. 193.
In Dahurien, im Juli, von Radde gefangen.

431. Eubolia peribolata. W. V.
Hübn. Samml. europ. Schmett. Geom. fig. 471.
An der Nordseite des Baikal-Sees, im Juli, von Radde gefangen.

432. Eubolia lineolata. W. V.
Hübn. Samml. europ. Schmett. Geom. fig. 331.
In Dahurien, im Juli, von Radde gefangen.

433. **Odezia Kindermanni.** Brem. — Tab. VII. Fig. 19.
Alae nigrae, anticae striga basali, fascia obliqua, punctis duobus submarginalibus et duobus ciliaribus albis; — posticae fascia unica ciliisque albis, his nigro-interruptis.
Alae subtus sicut pagina superiore. 24 m.

Der *Eversmanni* nahe verwandt. Die innere weisse Querlinie fehlt aber der *Eversmanni*; bei unserer Art ist die weisse Binde schmäler und etwas anders geformt, ausserhalb derselben, vor den Fransen, befinden sich zwei weisse Punkte, der eine in der Mitte des Aussenrandes, der andere am Innenwinkel; diese beiden Punkte fehlen der *Eversmanni* gleichfalls. Die weissen Fransen der Hinterflügel sind schwarz gescheckt.

An der Ussuri-Mündung, im Juli, von Radde gefangen.

434. **Sarrothripa dilutana.** Hübn.
Samml. europ. Schmett. Tort. fig. 6.

Am Sungatscha, im Juli, von Maack gefangen.

435. **Tortrix operana.** Linn.
Hübn. Samml. europ. Schmett. Tort. fig. 112.

An der Ussuri-Mündung, im Juli, von Radde gefangen.

436. **Tortrix americana.** Linn.
Treit. Schmett. v. Europ. VIII. p. 49.

Oberhalb der Ema, im Juli, von Maack gefangen.

437. **Ptycholoma plumbeolana.** Brem. — Tab. VII. Fig. 20.
Corpus nigrum, thorace supra, abdomine apice ochraceis.
Alae anticae supra ochraceae; fascia obliqua, a medio marginis anterioris ad angulum interiorem ducta, maculaque prope apicem costali subtriangulari rufescenti-brunneis; seriebus macularum obliquarum sericeque submarginali plumbeis: — alae posticae nigrae; ciliis ad angulum exteriorem ochraceis.
Alae subtus nigrae; anticae margine anteriore margineque postico ochraceis; — posticae angulo exteriore ochraceo. 25 m.

Var. B. *Alae anticae obscuriores, fascia maculaque rufescenti-brunneis, latioribus vel indistinctis; alae posticae totae nigrae; — subtus alae omnes nigrae. — Tab. VII. Fig. 21.*

Die bleiglänzenden Flecke sind in 5 bis 6 Reihen gestellt und durchziehen sowohl die helle Grundfarbe als die rothbraune Binde des Flügels; die äusseren Reihen vereinigen sich mit der Fleckenreihe vor dem Aussenrande.

Im Bureja-Gebirge von Radde, am unteren Ussuri von Maack, im Juni und Juli gefangen.

438. **Lozotaenia aurichalceana.** Brem. — Tab. VII. Fig. 22.
Alae anticae supra aurichalceae, striolis undulatis brunnescentibus, plaga longitudinali costali ad basim alteraque in medio marginis interioris olivaoescentibus, indistinctis; area

*postica pallide olivaceoscenti-suffusa fasciam submarginalem ex atomis argentaceis includente; punctis duobus in medio duobusque versus apicem nigris; — alae posticae nigricantes.
Subtus alae anticae fuscescentes; — posticae sordide flavescentes. 20 — 22 m.*

Die schmutzig hell olivenfarbigen Stellen sind nicht scharf begrenzt, sondern verwaschen sich mit der messingglänzenden Grundfarbe, welche von sehr hell bräunlichen wellenförmigen Strichen mehr oder weniger stark durchzogen ist.

Von der Mündung des Noor bis oberhalb der Ema, im Juni und Juli, von Maack gesammelt.

439. **Lazotaenia quinquemaculana.** Brem. — Tab. VII. Fig. 23.

Alae anticae flavae, maculis quinque ferrugineis; posticae sordide albidae; — subtus alae anticae fuscescentes, pallide flavescenti-marginatae, posticae albidae. 7 m.

Gelb, glänzend. Von den rostfarbigen Flecken sind die beiden äusseren, der eine am Vorderrande, nahe der Flügelspitze, der andere in der Nähe des Innenwinkels, die grössten; in der Mitte des Flügels bemerken wir einen kleineren und gleich darunter einen sehr kleinen Fleck; der fünfte Fleck liegt am Innenrande, am Ende des ersten Drittels der Länge desselben.

Im Dahurien, im Juli, von Radde entdeckt.

440. **Sciaphila rigana.** Eversm.
Bull. de Mosc. I. p. 144. Tab. 3. fig. 3.
Im Bureja-Gebirge, im Mai, von Radde gefangen.

441. **Phaedisca dissimiliana.** Treit.
Schmett. v. Europ. X. 3. p. 103. — Hübn. Samml. europ. Schmett. Tort. fig. 41.
Zwischen Noor- und Ema-Mündung, Anfang Juli, von Maack gefangen.

442. **Coccyx metallicana.** Hübn.
Samml. europ. Schmett. Tort. fig. 68.
Am unteren Ussuri, im Juni, von Maack gefunden.

443. **Coccyx umbrosana.** Dup.
Lép. de France. Suppl. IV. p. 366. Pl. 79. fig. 6.
Am unteren Ussuri, im Juni, von Maack gefangen.

444. **Carpocapsa arcuana.** Fabr.
Hübn. Samml. europ. Schmett. Tort. fig. 83.
Im Bureja-Gebirge von Radde, am unteren Ussuri von Maack, im Juni, gefangen.

445. **Grapholitha germana.** Fröh.
Hübn. Samml. europ. Schmett. Tort. fig. 47.
Am unteren Ussuri, im Juni, von Maack gefangen.

446. **Chilo phragmitellus.** Hübn.
Samml. europ. Schmett. Tin. fig. 297. 298.
Am unteren Ussuri von Maack, im Juni, gefangen.

447. **Crambus hortuellus.** Hübn.
Samml. europ. Schmett. Tin. fig. 46.
Am unteren Ussuri, im Juni, von Maack gefangen.

448. **Crambus pascuella.** Linn.
Pascuellus. W. V. — Hübn. Samml. europ. Schmett. Tin. fig. 31
Am Sungatscha, im Juli, von Maack gefangen.

449. **Crambus pratella.** Linn.
Pratellus. Tr. — Hübn. Samml. europ. Schmett. Tin. fig. 29 et 410.
In Dahurien, Ende Juni, von Radde gefangen.

450. **Crambus perlellus.** W. V.
Hübn. Samml. europ. Schmett. Tin. fig. 40.
Am unteren Ussuri, im Juni, von Maack gefangen.

451. **Ilithia carnella.** Linn.
Hübn. Samml. europ. Schmett. Tin. fig. 65.
An der Ema-Mündung, im Juli, von Maack gefangen.

452. **Ilithia sanguinella.** Hübn.
Samml. europ. Schmett. Tin. fig. 66.
Zwischen der Noor- und Ema-Mündung, im Juni, von Maack entdeckt.

453. **Ilithia argyrella.** W. V.
Hübn. Samml. europ. Schmett. Tin. fig. 64.
Am Onon, Anfang Juli, von Radde gefangen.

454. **Yponomeuta evonymella.** Linn.
Hübn. Samml. europ. Schmett. Tin. fig. 88.
Am Sungatscha, im Juli, von Maack gefangen.

455. **Chalybe pyrausta.** Pall.
Hübn. Samml. europ. Schmett. Tin. fig. 260.
Aurifluella. Hübn. Samml. europ. Schmett. Tin. fig. 302.
In Dahurien, Ende Juni, von Radde gefangen.

456. **Anacampsis populella.** Linn.
Dup. Lép. de France XI. Pl. 290. fig. 1—4.
An der Ema, im Juli, von Maack gefangen.

457. **Haemilis characterella.** W. V.
Signella. Hübn. Samml. europ. Schmett. Tin. fig. 80.
Am Sungatscha, im Juli, von Maack gefangen.

458. **Adela Degeerella.** Linn.
Geerella. Hübn. Samml. europ. Schmett. Tin. fig. 130 et 445
In Dahurien von Radde, am unteren Ussuri, von Maack, im Juni gefangen.

459. **Adela Schrencki.** Brem. — Tab. VII. Fig. 24.

Alae anticae aureolae, longitudinaliter violaceo-striatae, apicem versus strigis duabus chalybaeo-micantibus; spatio apicali violaceo, aureo-suffuso, antice dentato; — alae posticae nigricantes violaceo-suffusae, linea aurea ante cilia.

Alae subtus sicut pagina superiore sed strigis obsoletis. ♂ 24, ♀ 22 m.

Grösser als *Degeerella*, plumper gebaut, die Flügel breiter. Die beiden vor der Flügelspitze vorhandenen, stahlglänzenden Querstreifen, wie bei *Degeerella*, doch ist ausserhalb des äusseren nur ein schmaler gelber Streif vorhanden, der gegen die Flügelspitze gezahnt ist, aber nicht in lange Strahlen ausläuft wie bei *Degeerella*.

Von Dr. Schrenck bei Kisi am Amur, am 19. Juni entdeckt.

460. **Adela chalybeella.** Brem. — Tab. VII. Fig. 25.

Alae anticae aureolae longitudinaliter chalybeo-striatae, strigis duabus transversis chalybeis; ante cilia striga violacea antice nigro-dentata striolaque longitudinali apicali chalybeis; — alae posticae nigrae.

Alae subtus sicut pagina superiore sed apice aurantiace suffusa striolaque chalybea apicali nulla. 16 m.

Grösse von *Ochsenheimeriella* und die äusseren stahlglänzenden Querstreifen ebenso verlaufend. Der ganze Aussenrand ist stahlglänzend, nach innen mit schwarzen Pfeilflecken, welche aber viel kürzer sind als bei *Degeerella*; ein anderer stahlglänzender Streif erstreckt sich von der Flügelspitze fast bis zu dem äusseren Querstreifen.

Am unteren Ussuri, Anfang Juli, von Maack entdeckt.

461. **Pterophorus pentadactylus.** Linn.

Hübn. Samml. europ. Schmett. Alue. fig. 1.

An der Ema, im Juli, von Maack gefangen.

462. **Pterophorus ochrodactylus.** Fabr.

Hübn. Samml. europ. Schmett. Alue. fig. 12. 13.

An der Ema, im Juli, von Maack gefangen.

NACHTRAG.

Nachdem die Bearbeitung der von den Herren Radde und Maack in Ost-Sibirien gesammelten Lepidopteren bereits abgeschlossen war, erhielt die Kaiserliche Akademie der Wissenschaften als Geschenk von dem Hrn. Dr. P. Wulffius, unter andern zoologischen Gegenständen, auch eine grössere Anzahl Insekten, welche insofern von ganz besonderem Interesse sind, als sie aus dem südlichsten Theile der russischen Amur-Besitzungen stammen. Nichtsdestoweniger ist bei den Lepidopteren der europäische Character vorherrschend, indem die 73 von Hrn. Dr. Wulffius gesammelten Arten 53 Gattungen angehören, von welchen nur 6 in Europa keine Repräsentanten haben. Von diesen 73 Arten kommen 43 auch in Europa vor; von den übrigen sind 10 neu, während die andern 20 bereits früher im Amur-Gebiete oder in China gesammelt worden sind.

Denjenigen Arten, welche schon oben als neu angeführt wurden, ist der Kürze wegen nur die Nummer, unter welcher dieselben dort beschrieben wurden, beigesetzt.

1. **Papilio Maackii.** Ménétr.
Bai Possiet, Port Bruce. Mitte Juli und Anfang August.
2. **Papilio Xuthus.** L.
Bai Possiet, den 22. Juli und 3. August; Port Bruce den 27. Juli.
3. **Papilio Machaon.** L.
Ein Exemplar am 23. Juli in der Bai Possiet gefangen.
4. **Parnassius Bremeri.** Feld.
Ein Weibchen am 14. Juli in der Bai Possiet gefangen.
5. **Leucophasia sinapis.** L.
et Var. *Amurensis.* Ménétr.
Beide in Mehrzahl an der Bai Possiet so wie bei Port Bruce und Port Mai gefangen.
Flugzeit: 13. Juli bis 19. August.
6. **Pieris Melete.** Ménétr.
Bai Possiet, Port Bruce und Port Mai. 15. Juli bis 7. August.
7. **Colias Erate.** Esp.
Nerienc. Fisch.
et Ab. *Helichta.* Led.
Die erstere an der Bai Possiet am 27. Juli, die letztere am 3. August gefangen.
8. **Argynnis Paphia.** L.
Ein Exemplar am 1. August bei Port Bruce gefangen.
9. **Argynnis Adippe.** W. V.
Var. *Cleodoxa.* Ochsenh.
An der Bai Possiet am 15. Juli gefangen.

10. **Argynnis Laodice.** Pall.

An der Bai Possiet den 15 — 22. Juli, bei Port Bruce den 31. Juli und 1. August gefangen.

11. **Argynnis Ella.** Brem. — Tab. VIII. Fig. 1.

Alae anticae sinuatae, posticae dentatae, omnes fulvae nigro-maculatae; anticae macula triangulari, apicem versus, ad marginem anteriorem.

Alae anticae subtus pallide fulvae maculis ordinariis cellulae medianae maculisque 9 nigris; apice viridi-micanti, albido-irrorato, maculam albam paginae superioris includente; — alae posticae viridescenti-micantae sericbus tribus macularum obscuriorum; maculis serici internae albo-pupillatis, serici submarginalis rotundatis sericique marginalis lunulatis; macula ad marginem anteriorem alba. 79 m.

Grösser als alle europäischen *Argynnis*-Arten. Vorderflügel am Aussenrande sehr stark eingebuchtet. Oberseite der Flügel gefleckt wie bei *Laodice*, auch der weisse bei *Laodice* ♀ nahe der Flügelspitze befindliche Fleck ist vorhanden. Auf der Unterseite sind die Vorderflügel blasser als auf der Oberseite, in der Mittelzelle die gewöhnlichen Zeichnungen ähnlich wie bei *Paphia*; ausserhalb dieser Zelle befinden sich in Zelle 2 und 3 zwei schwarze Flecke, dann folgt eine Reihe schwarzer Flecke in Zelle 1^b, 2, 3, 4, 5, 6 und 9. Diese Fleckenreihe bildet in Zelle 3 einen rechten Winkel und die einzelnen Flecke werden gegen den Vorderrand kleiner. Die Flügelspitze ist grünlich schillernd, mit weisslichen, schwach ins Röthliche ziehenden Atomen bestreut und mit dem weissen dreieckigen Fleck der Oberseite bezeichnet.

Hinterflügel einfarbig blassgrün schillernd, am Vorderrande ein halbmondförmig gebogener weisser Fleck, welchem eine Reihe etwas dunklerer, runder, grüner Flecke, mit weissen Pupillen, folgt; dahinter eine zweite Reihe solcher Flecke ohne weisse Pupillen; eine dritte Reihe von Halbmondflecken vor dem Aussenrande zeichnet sich kaum von der Grundfarbe ab.

Nur auf der Oberseite hat unsere Species, in der Stellung der Flecke, Aehnlichkeit mit *Laodice*, die Unterseite der Flügel weicht in Farbe und Zeichnung, abgesehen von der Flügelform, bedeutend ab; vermuthlich sind die Vorderflügel des noch unbekannten Mannes noch viel stärker geschweift.

Nur ein Weibchen bei Port Mai am 26. August gefangen.

12. **Argynnis Ino.** Esp.

Ungewöhnlich grosse Exemplare, das grösste misst 50 m.

An der Bai Possiet am 13. und 14. Juli, bei Port Mai am 9. August gefangen.

13. **Melltaea Didyma.** Esp.

An der Bai Possiet den 18. und 19. Juli, bei Port Bruce den 1. August gefangen.

14. **Vanessa Jo.** Linn.

Bei Port Bruce den 24. und 29. Juli gefunden.

15. **Pyrameis cardui.** Linn.
An der Bai Possiet den 3. August gefangen.

16. **Neptis aceris.** Esp.
Bei Port Mai am 13. August gefangen.

17. **Neptis Thisbe.** Ménétr.
Ein sehr grosses Exemplar (80 m.); die gelben Binden und Flecke sind sehr hell, fast weiss.
Bei Port Bruce am 26. Juli gefunden.

18. **Limenitis Heilmanni.** Led.
Grösser als die Exemplare vom Altai ($\male$ 60, $\female$ 64 m.), die Vorderflügel des Mannes spitzer, die Flecke und Binden der Oberseite reiner weiss. Auf der Unterseite vor dem Aussenrande der Hinterflügel eine deutliche graue Fleckenbinde, mit schwarzen Pupillen, welche bei den Exemplaren vom Altai am Vorderrande nur schwach angedeutet sind.
An der Bai Possiet am 18. und 19. Juli, bei Port Bruce am 1. August gefunden.

19. **Arge Hallmede.** Ménétr.
Bai Possiet 14—16 Juli, Port Bruce 27. Juli und 1. August.

20. **Satyrus Phaedra.** L.
Bai Possiet 14—22. Juli, Port Bruce 27—31. Juli.

21. **Lasiommata Epimenides.** Ménétr.
Bai Possiet 22. und 23. Juli, Port Bruce 27. Juli bis 1. August, Port Mai 26. Aug.

22. **Epinephele Hyperanthus.** L.
Bai Possiet, 14. und 15. Juli.

23. **Yphthima Motschulskyi.** Brem.
Beitr. zur Fauna des nördl. China's. — Cat. Mus. I. Tab. VI. fig. 5.
Ein Exemplar bei Bai Possiet den 18. Juli gefangen.

24. **Coenonympha Oedipus.** Fabr.
Bai Possiet, 14. Juli.

25. **Thecla Taxila.** Brem. — Tab. VIII. Fig. 2. (S. N° 108 oben).
Da obige Beschreibung nach weiblichen Exemplaren entworfen ist, so holen wir hier die Beschreibung des Männchens nach. Vorderflügel am Schlusse der Mittelzelle mit einem fast viereckigen gelben Fleck, vor demselben blau bestaubt; ebenso in Zelle 1* mit einem länglichen glänzenden blauen Wisch, welcher aus weitläufig gestellten blauen Atomen gebildet wird. Sonst ist das Männchen vom Weibchen nicht verschieden.
Port Mai, den 13. August.

26. **Lycaena Amyntas.** W. V.
Bai Possiet, 15—18. Juli und 3. August; Port Mai 7. und 9. August.

27. **Lycaena Argiolus.** L.
Port Mai, den 18. August.
28. **Lycaena Euphemus.** Hübn.
Aussergewöhnlich grosse Exemplare ($\male$ 42, $\female$ 45 m.).
Bai Possiet, 18. Juli; Port Mai, 26. August.
29. **Lycaena Aegonides.** Brem. (S. N° 128 oben).
Bai Possiet, Port Mai und Port Bruce. Flugzeit: 14. Juli bis 9. August.
30. **Pyrgus gigas.** Brem. — Tab. VIII. Fig. 3.
Corpus nigrum pilis viridi-griseis intermixtum.

Alae supra nigrae pilis basalibus viridi-griseis, serie macularum albarum communi submarginali, plus minusve distincta; — alae anticae macula unica vel bipartita in cellula mediana, maculis tribus subapicalibus et tribus in cellulis 1ᵇ, 2 et 3, albis; — alae posticae maculis nonnullis in cellula mediana (in altero sexu fascia e maculis) albis.

Alae subtus sicut pagina superiore, posticae atomis vel pilis viridi-griseis conspersae.
40 — 45 m.

Wohl die grösste zu diesem Genus gehörige Species mit europäischem Habitus. Die Flügel schwarz, an der Wurzel grünlich grau behaart und mit einer mehr oder weniger deutlichen Reihe weisser Punkte vor dem Aussenrande. Die Vorderflügel am Schlusse der Mittelzelle mit einem weissen Fleck, welcher zuweilen durch eine schwarze Linie in zwei Theile getheilt ist. Drei kleine Flecke liegen am Vorderrande nahe der Flügelspitze, einer unter dem andern; drei andere grössere weisse Flecke in Zelle 1ᵇ, 2 und 3, von welchen der erstere oft durch eine schwarze Linie eine getheilt ist.

Die Unterseite ist ähnlich der oberen, doch variirt sie zuweilen, indem der letzte weisse Randfleck am Innenwinkel in einen kleinen Wisch ausläuft. Die Hinterflügel sind mit grünlich grauen Haaren besetzt; zuweilen zeigt sich ausser der mittleren Fleckenreihe noch ein Fleck nahe der Flügelwurzel und eine Punktreihe vor dem Aussenrande. Die schwarzen Fransen sind weiss gescheckt.

Bai Possiet und Port Bruce. Flugzeit: 14. Juli bis 3. August.

31. **Cyclopides Steropes.** W. V.
An der Bai Possiet am 19. Juli gefangen.
32. **Pamphila Sylvanus.** Fabr.
Bai Possiet, Port Bruce und Port Mai, 14. Juli bis 9. August.
33. **Thyris fenestrina.** W. V.
Bai Possiet, den 13. Juli.
34. **Zygaena Peucedani.** Esp.
Bai Possiet und Port Bruce 15 — 29. Juli.
35. **Syntomis Thelebus.** Fabr.
Bai Possiet und Port Mai 19. Juli — 19. August.

36. **Euchromia octomaculata.** Brem. (S. N° 158 oben).
Ein Exemplar bei Port Bruce am 27. Juli gefangen.

37. **Procris tristis.** Brem. — Tab. VIII. Fig. 4.
Nigricanti-grisea.
Alae anticae maris ad basim viridi-irroratae. ♂ *19,* ♀ *17 m.*

Wohl die kleinste *Procris*-Art; das ganze Thier schwärzlich grau, der Körper und die stark gekämmten Antennen des Männchens am dunkelsten. Die Wurzel der Vorderflügel des Mannes mit bläulich grüner Bestaubung.
Bai Possiet, 15. Juli — 3. August.

38. **Lithosia griseola.** Hübn.
Bei Port Bruce, am 1. August gefunden.

39. **Lithosia ochraceola.** Brem. (S. N° 166 oben).
Bai Possiet, 19 — 22 Juli.

40. **Lithosia affineola.** Brem. — Tab. VIII. Fig. 5.
Pallide ochracea.
Alae anticae subtus in medio pallide griseae. 24 m.

Färbung wie bei hellen Exemplaren von *Unita*, Antennen etwas gezahnt wie bei *Helveola*. Flügel viel kürzer und abgestumpfter als bei *Unita*, daher im Verhältniss breiter.
Bei Bai Possiet, am 23. Juli gefangen.

41. **Setina flava.** Brem. — Tab. VIII. Fig. 6.
Beitr. zur Fauna des nördl. China's. p. 15. n. 98.
An der Bai Possiet am 9. Juli gefangen.

42. **Calligenea pallida.** Brem. — Tab. VIII. Fig. 7.
Corpus albidum.
Alae anticae supra albae margine anteriore et exteriore dilute flavescentibus; puncto medio serieque punctorum submarginalium nigris; — alae posticae dilute flavescentes.
Alae subtus pallidissime flavescentes, anticae puncto medio nigro. ♂ *27,* ♀ *24 m.*

Grösse von *Rosea*, die Spitze der Vorderflügel abgerundeter. Die Vorderflügel am Vorder- und Aussenrande, so wie die ganzen Hinterflügel hell gelblich, beim ♀ noch heller als beim ♂. Der schwarze Mittelpunkt der Vorderflügel ist deutlich; vor dem Aussenrande treten beim ♂ 4 bis 5 Punkte deutlich hervor, beim ♀ dagegen nur 2.
Bai Possiet, Mitte Juli.

43. **Chalcosia caudata.** Brem. — Tab. VIII. Fig. 8.
Corpus nigrum.
Alae supra albae nervis nigris; anticae macula basali flava postice tenuiter nigro-marginata; alae posticae caudatae. — Alae subtus sicut pagina superiore. 43 m.

Dieses seltsame Thier liegt uns nur in einem Exemplare vor, und zwar ist dieses ein abnormes, indem nicht allein die Schwänze der Hinterflügel von verschiedener Länge sind,

sondern auch der Verlauf der Adern des rechten Flügels ein anderer ist als auf dem linken;
die treue Abbildung allein vermag einen richtigen Begriff aller Abweichungen zu geben. Die
Rippen der Vorderflügel sind auf beiden Seiten einander vollkommen gleich. Die Rippe,
welche die Mittelzelle der Länge nach in 2 Theile theilt, bildet in der Mitte dieser Zelle
noch ein kleines längliches Zellchen. Bei den Hinterflügeln ist das Schwänzchen auf der
rechten Seite länger als auf der linken; die Rippe 5 läuft bis zur Spitze des Schwänzchens.
Die Rippe 4 theilt sich auf dem rechten Flügel bald nach ihrem Ursprung in zwei Aeste
von welchen der innere Ast ausserhalb des Schwänzchens den Aussenrand erreicht, der
äussere aber in das Schwänzchen hinein läuft. Auf dem linken Flügel theilt sich dagegen
die Rippe 4 erst ganz nahe vor dem Aussenrande und der äussere Ast läuft nicht in
das Schwänzchen hinein, sondern mündet in den Aussenrand aus.

Diese merkwürdige Art wurde am 15. August bei Port Mai gefunden.

Die sehr getreue Abbildung wurde leider vom Lithographen nicht nach einer Spiegel-
ansicht auf den Stein gebracht, wodurch natürlich eine Verwechslung von Rechts und
Links stattgefunden hat.

44. **Meliothis dipsacea.** L.
An der Bai Possiet am 4. August gefangen.

45. **Leocyma albonitens.** Brem. (S. N° 242 oben).
Port Mai 13. August.

46. **Toxocampa recta.** Brem. — Tab. VIII. Fig. 9.
Corpus brunnescenti-griseum, vertice collarique nigris.

*Alae anticae supra brunnescentes, grisescenti-intermixtae et nigro-irroratae, nervis lute-
scentibus, ciliis griseis; linea anteriore (postice obscure marginata) et posteriore, linea recta
(loco lineae undulatae) lineaque ante cilia lutescentibus; macula nigra ad basim cellulae medianae nervis luteis divisa; umbra media obsoleta.*

Alae posticae nigricantes basim versus dilutiores.

*Alae subtus grisescentes; alae anticae fascia submarginali, antice luteo-marginata, posti-
cae puncto medio, striga posteriore fasciaque lata submarginali nigris.* ♂ 35, ♀ 37 m.

Die Vorderflügel in der Form mit *Viciae* am meisten übereinstimmend, doch ist der
Aussenrand stärker gebogen; die Färbung ist einfarbiger braun, nur in der Mitte gräulich
untermischt. Die Querlinien sehr deutlich und bestimmt, die innere und äussere geschwungen; die erstere aussen durch einen dunklen Streifen begrenzt, die letztere weiter
von dem dunklen Nagelfleck entfernt als bei *Viciae*; statt der Wellenlinie läuft eine ganz
gerade Linie über den ganzen Flügel. Die Hinterflügel sind viel dunkler als bei *Viciae*,
so dunkel als bei *Limosa*.

Bei Port Mai am 18. August und 9. September gefangen.

47. **Hemigla ussuriensis.** Brem. (S. N° 282 oben)
Bei Port Mai am 18. August gefunden.

48. **Hypena tripunctalis.** Brem. (S. N° 264 oben).
Bei frischen Exemplaren haben die Vorderflügel einen grünlichen Anflug. Eine dunkele Varietät ist fast ganz mit schwärzlichen Atomen bestreut.
Bei Port Mai vom 13 — 19. August gefangen.
49. **Herminia derivalis.** Dup.
Bai Possiet: 16 — 18 Juli; Port Mai: 18. August.
50. **Pyrausta tendinosalis.** Brem. — Tab. VIII. Fig. 10.
Corpus nigricans, abdomine flavo-cingulato.
Alae anticae nigricantes, linea anteriore dentata, macula media subquadrata, fascia posteriore et marginali flavis.
Alae posticae nigrae, fascia media abrupta, fascia posteriore et marginali floris.
Alae anticae subtus flavae, puncto medio, vitta longitudinali, fasciis duabus posterioribus ciliisque nigris; — alae posticae flavae puncto medio, fasciis duabus ciliisque nigris. 1.5 m.

Die Flügel sind mehr in die Länge gezogen als bei den übrigen *Pyrausta*-Arten. Die Vorderflügel schwärzlich, die innere stark gezackte Querlinie, der fast viereckige Mittelfleck, die äussere Querbinde, welche sich gegen den Vorderrand erweitert, und die vor den Fransen befindliche Binde sind gelb. Ueber die schwarzen Hinterflügel laufen drei gelbe Binden, von welchen die innere, in der Mitte des Flügels, die kürzeste ist.

Die Unterseite aller Flügel ist gelb, mit schwarzen Fransen. Auf den Vorderflügeln sind ein Mittelfleck, darunter ein Längsstreif und dahinter zwei Querbinden von schwarzer Farbe; der Längsstreif vereinigt sich mit der ersten, breiteren Binde. Die Hinterflügel haben einen schwarzen Mittelpunkt und zwei Binden von derselben Farbe.

An der Bai Possiet am 16. Juli entdeckt.
51. **Margarodes nigropunctalis.** Brem. (S. N° 310 oben)
Bei Port Mai am 13. und 18. August gefangen.
52. **Botys ussurialis.** Brem. (S. N° 311 oben).
Bei Port Mai, den 18. August gefangen.
53. **Botys tristrialis.** Brem. (S. N° 313 oben).
An der Bai Possiet am 15. Juli gefunden.
54. **Botys verticalis.** Alb.
Port Mai am 18. August gefangen.
55. **Botys hyalinalis.** Hübn.
Bai Possiet: 16. Juli; Port Mai: 18. August.
56. **Botys flavalis.** Hübn.
Bai Bossiet: 15 — 22. Juli.
57. **Eubolea rubiginalis.** Hübn.
Bai Possiet 16 Juli.
58. **Spilodes sulphuralis.** Hübn.
Bai Possiet 18. Juli.

59. **Ennomos serrata.** Brem. — Tab. VIII. Fig. 11.

Alae supra dilute ochracescenti-flavae, fusco-irroratae lineaque fusca ante cilia; alae anticae dentatae apice acuto, linea transversa anteriore arcuata et posteriore undulata umbraque media, maculam mediam attingente, fuscescentibus; — alae posticae serrato-dentatae umbra media lineaque posteriore undulata fuscescentibus.

Alae subtus sicut pagina superiore, sed umbra media obsoleta; alae anticae linea anteriore nulla, posticae puncto medio distincto. 47 — 55 m.

Die Flügel sind gezahnt, die hinteren gröber als die vorderen; die Grundfarbe wie bei *Enn. tiliaria*, bräunlich gestrichelt, die Strichel vor dem Aussenrande der Vorderflügel am gedrängtesten. Die Vorderflügel mit einem schwarzen Mittelmonde, die innere Querlinie wie bei *Tiliaria*; hinter dem Mittelmonde und diesen berührend befindet sich ein dunkler Schatten oder auch eine dunkle Querbinde; die äussere Querlinie ist gewellt und berührt den Vorderrand nicht. Die Hinterflügel haben einen dunklen Mittelschatten und eine äussere gewellte Querlinie.

Die Unterseite der Flügel ist heller als die obere; die Vorderflügel ohne innere Querlinie; der beiden Flügeln gemeinschaftliche Mittelschatten verloschen, die äussere gewellte Querlinie dagegen deutlich und ebenso der Mittelfleck der Hinterflügel.

Schon Maack fing ein Exemplar dieses Spanners am Ussuri, doch war dasselbe zu abgeflogen, um beschrieben zu werden.

Bei Port Bruce im August gefangen.

60. **Macaria nigronotaria.** Brem. (S. N° 318 oben).
Bei Port Mai den 7. August gefangen.

61. **Strenia clathrata.** L.
Bei Port Bruce am 31. Juli gefangen.

62. **Abraxas grossulariata.** Monff.
Bai Possiet am 14. Juli gefunden.

63. **Emmelesia albostrigaria.** Brem. (S. N° 406 oben).
Bei Port Mai am 9. 13. 17. und 18. August gefangen.

64. **Melanippe rivata.** Hübn.
Bei Port Bruce den 31. Juli gefangen.

65. **Cidaria Fixseni.** Brem. — Tab. VIII. Fig. 12.

Alae supra ferruginescenti-flavae, flavo- et griseo-variae.

Alae anticae linea subbasali fuscescenti; fascia media, antice arcuata et postice angulata, maculam mediam includente, ferruginescenti, sed medio grisescenti-suffusa; linea undulata flava antice ferruginescenti-marginata; plaga magna apicali flava umbraque grisea inter fasciam et marginem exteriorem; — alae posticae puncto medio strigisque duabus undulatis nigricantibus, fascia submarginali indistincta ferruginescenti.

Alae subtus dilute ochracescenti-flavae maculis duabus ante et fascia abrupta post punctum medianum nigricanti-fuscis; undulis nonnullis loco linae undulatae maculaque apicali subtriangulari ad marginem posteriorem fuscis; — alae posticae puncto medio, macula ad marginem anteriorem et punctis duobus ad marginem interiorem nigricanti-fuscis; strigis transversis duabus obsoletissimis. 52 m.

Der Vorderrand der Vorderflügel ist schwarz; das Wurzelfeld rostfarbig, die hierauf folgende breite Querbinde, in deren Mitte ein rundlicher, unbestimmt begrenzter dunkler Fleck liegt, ist gelb. Die Mittelbinde ist rostfarbig, innen durch einen schrägen, gebogenen, aussen aber durch einen, einen spitzen Winkel gegen den Aussenrand bildenden, grauen Streifen eingefasst; sie schliesst in der Mitte ihres inneren Randes den schwarzen Mittelfleck ein. Von der Mitte dieser Binde bis zum Aussenrande läuft ein breiter grauer Schatten; oberhalb dieses Schattens befindet sich ein grosser, schön gelb gefärbter Fleck, welcher bis in die Flügelspitze sich erstreckt; unterhalb des Schattens ist die Grundfarbe des Flügels rostgelb. Eine gelbe, innen rostfarbig begrenzte Wellenlinie durchzieht das äussere Feld, und ist diese Wellenlinie nur in der Mitte, wegen des erwähnten grauen Schattens undeutlich. Die Hinterflügel sind gelb, mit rostfarbigem Anfluge; ein Mittelfleck und ausserhalb desselben zwei gewellte Querstreifen sind schwärzlich.

Die Unterseite ist hell ockergelb. Die Vorderflügel mit einem runden schwarzbraunen Fleck, dem dunklen Fleck in der ersten breiten, gelben Querbinde der Oberseite entsprechend; über diesem Fleck befindet sich am Vorderrande noch ein ähnlicher kleinerer. Hinter dem schwarzen Mittelpunkte läuft eine abgekürzte schwarzbraune Binde schräg nach aussen, welche dem äusseren Rande der Mittelbinde auf der Oberseite entspricht; dahinter befinden sich einige dunkle Flecke an der Stelle der Wellenlinie der Oberseite und am Aussenrande, an der Flügelspitze, ein bräunliches Dreieck. Auf den Hinterflügeln sind ein Mittelpunkt, ein Fleck am Vorderrand und zwei Punkte am Innenrande, entsprechend den nur verloschen durchscheinenden Querstreifen der Oberseite, von schwarzbrauner Farbe.

Bei Port Bruce am 1. August entdeckt.

66. **Tortrix operana.** L.
Bei Port Bruce am 29. Juli gefangen.

67. **Tortrix decretana.** Fr.
Die Vorderflügel gegittert, die Querlinien aber sind kaum zu verfolgen.
An der Bai Possiet am 22. Juli gefangen.

68. **Tortrix dumetana.** Tr.
Fisch. v. R. p. 35. Tab. 20. fig. 4. a. b.
An der Bai Possiet, Ende Juli.

69. **Teras asperana.** Tr.
Port Mai am 18. August gefunden.

70. **Crambus pascuellus.** L.
An der Bai Possiet, Ende Juli und Anfang August gefangen

71. **Crambus culmellus.** Tr.
Bei Port Mai am 12. und 13. August gefangen.

72. **Crambus perlellus.** W. V.
An der Bai Possiet, am 15. Juli gefangen.

73. **Ilithia carnella.** Linn.
Bei Port Mai am 15. August gefangen.

Die folgenden vier Arten kaufte Hr. Radde von Popoff in Kiachta; sie mögen bei dieser Gelegenheit veröffentlicht werden.

1. **Dasychira albodentata.** Brem. — Tab. VIII. Fig. 13.

Thorax griseus, fronte plaga brunnescenti; antennae albidae ramis brunnescentibus.

Alae anticae supra griseae brunnescenti-variae; striga transversa basali, striga anteriore obsoleta maculaque media obscurioribus; striga dentata submarginali albida; — alae posticae grisescentes marginem posteriorem versus obscuriores.

Alae omnes subtus grisescentes macula lunari obscuriore.

Leider fehlt dem uns vorliegenden Exemplare der Hinterleib.

Der Thorax grau, die Stirn mit einem braunen Fleck, die weisslichen Antennen mit braunen Kammzähnen. Der Basalstreif in der Mitte in einen spitzen Zahn nach aussen erweitert; der innere Querstreifen ist verloschen und nur in der Mitte deutlich ausgeprägt; ein dunkler Fleck befindet sich am Ende der Mittelzelle; vor dem Aussenrande läuft ein weisslicher gezahnter Querstreifen über den ganzen Flügel. Die grauen Hinterflügel werden gegen die Basis zu allmählich heller und führen in der Mitte einen verloschenen Halbmondfleck.

Die Unterseite aller Flügel ist einfarbig grau; jeder Flügel mit einem dunklen, deutlichen Halbmondfleck.

2. **Acronycta literata.** Brem. — Tab. VIII. Fig. 14.

Thorax canus; abdomen grisescens.

Alae anticae supra canae, medio strigis duabus arcuatis longitudinalibus convergentibus nervisque ante cilia nigris; — alae posticae grisescentes, fascia obscuriore ante marginem posteriorem.

Alae anticae subtus griseae striga transversa posteriore obsoleta; — alae posticae albido-griseae.

Der Thorax und die Vorderflügel auf der Oberseite hell grau, ungefähr wie bei *A. auricoma*; im Mittelfelde befinden sich zwei gebogene Längslinien, welche mit der Convexität einander zugekehrt sind und sich beinahe berühren. Diese beiden Linien so wie die Adern vor dem Aussenrande sind schwarz. Abdomen und Hinterflügel sind schmutzig weisslich grau; vor dem Aussenrande der letzteren befindet sich eine dunkle Binde.

Die graue Unterseite der Vorderflügel zeigt eine verloschene äussere Querlinie, welche nur am Vorderrande als schwarzes Fleckchen deutlich hervortritt. Die Hinterflügel sind am Vorderrande schmutzig weiss.

3. **Plusia ornata.** Brem. — Tab. VIII. Fig. 15.

Alae anticae supra fuscescenti-griseae, punctis 3 — 4 basalibus nigris, striga interiore et posteriore duplicibus albis; stigma areae medianae, literae V instar flexa, punctis tribus minutis maculaque majore argenteo-micantibus; fascia dentata albida ante cilia. Alae posticae supra et omnes subtus sordide albidae.

Der Thorax und die Oberseite der Vorderflügel bräunlich grau; an der Basis der letzteren befinden sich einige schwarze Fleckchen; das Mittelfeld wird beiderseits durch doppelte weisse Querstreifen begrenzt, das innere Paar beschreibt einen spitzen Winkel nach aussen, das äussere Paar ist sanft gewellt. In dem Mittelfelde bemerken wir ein silberglänzendes Zeichen in Form eines lateinischen V; über diesem V liegen drei feine Punkte und nach aussen von demselben ein gleichfalls silberglänzender grösserer Fleck. Vor den Fransen befindet sich eine weissliche gezähnte Binde.

Abdomen und Hinterflügel, so wie die ganze Unterseite des Thieres sind schmutzig weisslich grau.

4. **Zeph. dentinella.** Brem. — Tab. VIII. Fig. 16.

Corpus griseum.

Alae anticae supra cinereae, striga e basi ad medium alae ducta nigra, maculis costalibus indeterminatis, macula rotunda prope costam nigro-cincta strigaque posteriore dentata albidis; nervis ante cilia nigro-sagittatis.

Alae posticae supra et omnes subtus sordide albidae.

Die grauen Vorderflügel haben in der Mitte einen schwachen Anflug von Ockergelb; aus der Flügelwurzel läuft ein schmaler schwarzer Streif bis in die Mitte des Flügels, wo er mit einem ebenso gefärbten Fleckchen endigt. Einige unbestimmt begrenzte Flecke am Vorderrande, ein kleiner runder, dunkel eingefasster Fleck im Mittelfelde, nahe dem Vorderrande, und der gezähnte äussere Querstreif sind weiss; vor den Fransen liegt auf jeder Ader ein schwarzer Pfeilfleck.

Die Oberseite der Hinterflügel, so wie die ganze Unterseite sind schmutzig weiss.

Berichtigende Erklärung der I. Tafel.

1 Pap. Raddei, 2 Pap. Xuthulus, 3. 4 Parn. Bremeri Feld., 5 Parn. Felderi, 6 Melit. Baikalensis, 7 Melit. Arcesia, 8 Arasch. Burejana, 9 Neptis Raddei, 10 Lyc. Diodorus, 11 Pamph. Ochracea.

Tab VIII

N. Erschoff

1. Arg Ella 2. Ther Tamla d 3. Pyrg Popas 4. Plex Iresta 5. Leth Afforolis 6. Sat Flava 7. Call Pallida 8. Chak Caudata 9. Tessa Recta 10. Pyrausta Tenderoides 11. Eunomis Serrata 12. Cul Fissorm 13. Dasych Albolineata 14. Acrom Lutorata 15. Pleis Ornata 16. Zyph Bombarkis

Lith A Münster

www.ingramcontent.com/pod-product-compliance
Lightning Source LLC
Chambersburg PA
CBHW031355160426
43196CB00007B/822